4ª edição - Fevereiro de 2025

Coordenação editorial
Ronaldo A. Sperdutti

Projeto gráfico e editoração
Juliana Mollinari

Capa
Juliana Mollinari

Imagens da capa
Shutterstock

Assistente editorial
Ana Maria Rael Gambarini

Revisão
Alessandra Miranda de Sá
Ana Maria Rael Gambarini

Impressão
Gráfica Santa Marta

Direitos autorais reservados. É proibida a reprodução total ou parcial, de qualquer forma ou por qualquer meio, salvo com autorização da Editora. (Lei nº 9.610, de 19 de fevereiro de 1998)

Traduções somente com autorização por escrito da Editora.

© 2022-2025 by Boa Nova Editora.

Av. Porto Ferreira, 1031 | Parque Iracema
CEP 15809-020 | Catanduva-SP
17 3531.4444

www.**petit**.com.br | petit@petit.com.br
www.**boanova**.net | boanova@boanova.net

Dados Internacionais de Catalogação na Publicação (CIP)
(Câmara Brasileira do Livro, SP, Brasil)

```
Carlos, Antônio (Espírito)
   Tudo passa / ditado pelo Espírito Antônio
Carlos, [psicografado por] Vera Lúcia Marinzeck de
Carvalho. -- Catanduva, SP : Petit Editora, 2022.

   ISBN 978-65-5806-020-8

   1. Espiritismo 2. Literatura espírita
3. Psicografia I. Carvalho, Vera Lúcia Marinzeck
de. II. Título.

22-106982                            CDD-133.93
```

Índices para catálogo sistemático:

1. Literatura espírita : Espiritismo   133.93

Aline Graziele Benitez - Bibliotecária - CRB-1/3129

Impresso no Brasil – Printed in Brazil
04-02-25-5.000-23.000

Prezado(a) leitor(a),

Caso encontre neste livro alguma parte que acredita que vai interessar ou mesmo ajudar outras pessoas e decida distribuí-la por meio da internet ou outro meio, nunca deixe de mencionar a fonte, pois assim estará preservando os direitos do autor e, consequentemente, contribuindo para uma ótima divulgação do livro.

VERA LÚCIA MARINZECK DE CARVALHO

Ditado pelo Espírito
ANTÔNIO CARLOS

Tudo Passa

Sumário

Introdução 7

1 - Cachoeira Pequena 9

2 - No grande hospital 25

3 - Um hospital de amor 42

4 - Doentinhos 60

5 - Tudo passa 80

6 - O passado 103

7 - O crime 121

8 - Na prisão 140

9 - O enfermeiro 160

10 - Liberto 181

11 - O asilo 200

12 - A mudança 222

Introdução

    Henrique entrou na cela, seu coração batia forte e sentia muito medo. Não olhou para os homens que estavam ali, sabia que não deveria encará-los.

    — Boa tarde! Com licença! — conseguiu dizer.

    Um dos presos, que seria provavelmente seu companheiro de cela, mostrou um canto e uma cama. Ele colocou o que lhe deram na cama e se sentou no canto. Fizeram uma pausa na conversa, curiosos para observá-lo, e voltaram a falar. Recebeu seu jantar, alimentou-se. No toque de recolher, todos foram para suas camas. Henrique passou por cochilos.

    No outro dia, recebeu o café da manhã e continuou calado; deviam ser umas nove horas, dois carcereiros foram buscá-lo. Ele olhou para seus companheiros: dois sorriram cinicamente, três ficaram indiferentes, e dois fizeram expressão de dó.

    Foi levado para um cômodo, pediram para tirar o uniforme de presidiário, a camiseta e a calça, e começaram a surrá-lo.

— Por quê? — conseguiu perguntar.

— É o batismo! Para saber que viver aqui não é fácil e que é melhor obedecer.

Levou muitas pancadas, apanhou bastante. Com muitas dificuldades, conseguiu ficar de pé. Pararam.

— Agora pegue sua roupa e volte para a cela. Vista-se lá! — foi ordenado.

Cambaleando, voltou para a cela.

— Vá à pia e lave os ferimentos que estão sangrando — aconselhou um homem.

Ele foi, lavou com sabão e enxugou com papel higiênico. Vestiu com dificuldade sua roupa. Teve muita vontade de chorar, mas não o fez. Um outro preso se aproximou, mostrou a ele uma caixa de remédio, Henrique sabia o que era, um analgésico.

— Você quer tomar um comprimido?

— Quero. Obrigado.

Ele ofereceu um copo de água e lhe deu o remédio.

Não entendeu o porquê daquela violência. Ele era inocente! Os companheiros o olhavam como se recordassem de que aquilo havia acontecido com eles. Um preso, voltando do banho de sol no pátio, parou em frente à cela, falou algo a um deles e o apontou; o que escutou avisou os outros:

— Seu Simplino ordenou para não mexer com ele!

Estava muito dolorido, não almoçou; quando foram para o pátio para o banho de sol, ele ficou sozinho e chorou.

— *Tudo passa!* — escutou a Voz.

Vieram à sua mente José Adão falando, Janete e Maria; a Voz insistiu:

— *Isto passará!*

Sem ter o que fazer, com dores, e infelizmente se sentindo injustiçado, recordou-se de sua vida...[1]

---

1 N. A. E.: Anos depois, Henrique me contou sua história.

1
Cachoeira pequena

    Henrique, um garoto de treze anos, desceu a amena encosta; ora saltava sobre pedras, ora plantas com flores.
    Chegou à pequena cachoeira. Ele não sabia como chamar o local; sua mãe, que se gabava de ser a mais instruída da família, dizia que era uma cascata, mas todos a chamavam a queda-d'água de Cachoeira Pequena. O lugar era bonito.
    Henrique parou e observou bem o lugar.
    — Meu Deus! — exclamou.
    Abaixou-se e viu um sapo, o animalzinho estava com a boca costurada.
    — Não fuja de mim, senhor sapo, vou ajudá-lo!
    O sapo não se mexeu; Henrique o pegou, olhou com pena, o segurou com a mão esquerda e, com a direita, pegou no bolso um canivete e, com cuidado, falando baixinho, tentando acalmar

o animal, cortou os pontos feitos com uma linha grossa que fechava a boca dele.

— Senhor sapo, nem todas as pessoas são más, eu não sou, vou ajudá-lo. Tudo passa!

Depois que cortou, tirou a linha. Entendeu que o sapo sentia dor, acariciou-o, abriu a boca dele e, de dentro, tirou alguns objetos e os colocou numa pedra, continuou a cuidar do sapo, passou água nele, na sua boca ferida e depois o colocou numa pedra e pediu:

— Fique aqui, vou pegar insetos para você.

Numa poça havia muitos insetos, Henrique pegou alguns e deu para o sapo.

"Um animal alimentando outro", pensou.

— Senhor sapo, agora pode ir embora.

Mas o bichinho ficou na pedra. O menino olhou o que tirou da boca do animalzinho, tinha um fio de cabelo enrolado, um pedaço de unha e uma foto pequena de um homem jovem.

— O que faço com isso? — Henrique se perguntou.

— *Jogue na água corrente* — escutou.

Acostumado a escutar uma voz, pegou os objetos e jogou na correnteza. O sapo pulou e sumiu de sua vista.

— Vamos ver se tem mais algum animal costurado — Henrique falou em tom baixo.

Olhou por todos os lados, nada viu de diferente, pulou algumas pedras e foi para a outra margem. Ali viu duas garrafas de pinga, um prato grande de papelão com alimentos e duas velas vermelhas.

— *Isso não faz diferença. Deixe aí* — escutou.

Henrique voltou para a outra margem, sentou-se numa pedra. Sua mãe, assim que ele acordara, contou que ouvira, à noite, barulho na cachoeira e que talvez o grupo de macumbeiros fora fazer seus rituais. Ele, curioso, fora ver o que tinha ficado.

"Deixar oferenda, tudo bem, mas maltratar um ser vivo é crueldade", concluiu.

Era sábado e ele não tinha aula, voltou para casa. Especialmente naquele dia havia pouca coisa para fazer.

Seu pai tinha um sítio que era produtivo e perto da cidade. A Cachoeira Pequena ficava perto da divisa das terras do seu pai, ela pertencia ao vizinho, que não se importava que pessoas da cidade fossem ali nadar, fazer piqueniques e aqueles estranhos rituais à noite, principalmente às sextas-feiras.

Henrique encafifou e quis saber o porquê de eles fazerem aqueles rituais. Resolveu perguntar para um senhor que benzia e que morava na periferia da cidade.

Pegou a bicicleta e foi sem avisar a mãe. Pedalou rápido. Henrique era um garoto bonito, cabelos e olhos castanhos, pele clara, sorriso aberto. Ele, o irmão e duas irmãs estudavam na cidade. Uma perua da prefeitura passava pegando os estudantes, os levava à escola e, depois da aula, os trazia. Ele era o segundo filho; a irmã mais velha ia terminar o primeiro grau, que, na época, era chamado de ginasial; ela ia continuar estudando, queria ser professora; ele ainda tinha mais um ano e não sabia o que ia fazer.

Chegou à frente de uma casa simples, bateu palmas e gritou:

— Senhor Fidelis!

— O que o menino Henrique quer?

Um senhor risonho abriu a porta. Henrique o conhecia desde sempre, como dizia. Ele era um benzedor, e sua mãe levava sempre os filhos para benzer de quebranto, mau-olhado, susto etc.

O menino deixou a bicicleta encostada no portão, cumprimentou e respondeu:

— Senhor Fidelis, queria perguntar algumas coisas para o senhor. Posso?

— Sim, entre. O que quer saber?

Henrique, falando rápido, contou o que fizera.

— Por que, senhor Fidelis, maltratar animais? Essas pessoas fazem maldades, não fazem? Por que costurar o coitado do sapo?

Sentados, um na frente do outro, Fidelis pensou e quis elucidá-lo. O velho benzedor queria muito passar seus conhecimentos para alguém que continuasse seu trabalho quando ele mudasse do Plano Físico para o Espiritual. Desde que vira Henrique bebezinho teve esperança de que seria ele, porque viu, com o menino, um espírito esclarecido, amigo espiritual dele.

— Henrique — explicou Fidelis falando devagar —, benzimentos são orações que ajudam pessoas. Quando benzo, faço orações. Tenho rituais, fórmulas que organizam minhas energias para serem benéficas a quem as recebe. Às vezes pego galhos de plantas verdes para passar nas pessoas, a planta murcha no momento porque, pelo meu pedido, a energia ruim da pessoa passa para a planta, que a faz murchar. Quando benzo com óleo, ao jogar as gotinhas no prato com água, sinto, por um instante, o que a pessoa que está sendo benzida sente. Para mim, esses benzimentos são importantes pra sentir o que a criança pequena, que ainda não fala, sente. Se há pessoas que fazem o bem, há imprudentes que fazem o mal. São muitas as pessoas imprudentes que agem com maldade. Destes: uns são ignorantes, outros tentam se justificar dizendo que estão castigando alguém, que a pessoa merece ou que estão fazendo o bem a quem pediu, pagou etc. Porém não há justificativa, fazem maldades, desequilibram-se e terão de se harmonizar: se não for pelo bem, será pela dor.

Fidelis suspirou, sorriu e, vendo o garoto atento, voltou a explicar:

— Talvez, Henrique, você tenha de voltar outras vezes para que eu lhe explique melhor.

— Bem... O senhor não pode responder o que perguntei? — insistiu o garoto.

— O que perguntou mesmo?

— Por que eles pegaram um sapo e costuraram a boca dele?

— É um tipo de trabalho mediúnico para fazer maldades — Fidelis falou em tom de lamento. — Aqueles objetos que estavam na boca do animal pertenciam, com certeza, à pessoa-alvo da maldade. O sapo estava sofrendo a dor do ferimento, depois sofreria de sede e fome até morrer. O intuito era que a pessoa sentisse a agonia do animal.

— Isso funciona? — Henrique assustou-se.

— Depende — Fidelis continuou elucidando. — Primeiro a pessoa que fez essa maldade precisa saber fazer, encaminhar essas energias nocivas para a pessoa-alvo; se ela não souber fazer isso, essas energias ruins ficam sem canalizar e, então, somente o animal sofre ou refletirão em quem fez. Mas, ao ser feita, a pessoa-alvo pode ou não receber essas energias. Para receber, ela tem de estar receptiva.

— Pensei — Henrique o interrompeu — que ser receptivo era para receber as coisas boas. O senhor já me explicou que, quando se benze adulto, ele tem de estar receptivo, pronto para receber.

— Meu menino — explicou o benzedor —, ser receptivo é estar aberto para receber o que está lhe sendo enviado. Quando queremos receber ajuda, oramos, pedimos e normalmente recebemos, às vezes não o que queríamos, mas o que precisamos. Quando vamos orar em templos ou em casa e o fazemos com amor, a resposta vem. Quando benzo adultos, se a pessoa quer receber, ela recebe energias boas e salutares.[1] Mesmo eu querendo doar, se a pessoa não quer receber, não o faz. Como aquela energia do sapo, se a pessoa vibrar diferente, isto é, estiver bem, com bons pensamentos, se ela orar e se tiver o hábito de fazer o bem, ela não é receptiva e não recebe as energias nocivas; aí normalmente elas voltam para quem fez o trabalho e para quem mandou, encomendou, pagou.

---

1 N. A. E.: Benzimentos são atos parecidos com passes espíritas. Receptividade: isto ocorre com todas as formas de transmissão de energias, a pessoa pode ou não receber.

— O melhor, senhor Fidelis, é ficar receptivo para receber energias boas e se fechar para não receber as ruins. Como se faz para ser receptivo para receber coisas boas?

— Orar sempre — respondeu Fidelis —, ter bons pensamentos, alimentar o espírito com boas leituras, fazer o bem, ser gentil com todos.

— Orar sempre? O senhor está dizendo para ficar orando sem parar?

— Não — Fidelis sorriu. — O ato de orar é uma atitude que tem de ser boa dentro de nós, algo interno. Deve ser o modo de ser da pessoa, de seu bom proceder, e isto pode ser feito as vinte e quatro horas do dia. Precisamos, meu jovem rapaz, criar em nós uma energia salutar que nos ilumine como faz o nosso astro-rei, o Sol. Se estivermos iluminados, tudo nos é mais fácil e, assim, podemos trabalhar, estudar, fazer o que nos compete, e estaremos orando. Estando bem com nós mesmos, sentimo-nos bem, tranquilos e felizes. Jesus nos recomendou orar a oração que nos ensinou e estarmos constantemente iluminados interiormente com nossas boas atitudes, formar hábitos bons e eliminar os ruins. Porém devemos também ter um tempo para fazer nossas orações, pensar em Deus.

— Agora que eu salvei o sapo o que acontecerá? — quis Henrique saber.

— O vínculo foi cortado. O ritual maldoso não deu certo. Quero que entenda que tanto quem mandou quanto quem fez criou para si algo ruim, recebeu uma marca que a maldade faz; a resposta desse ato volta e com certeza encontrará receptividade, que levará a pessoa a sofrer.

— Será que esse homem que ia receber essas energias de dor já fez esses rituais, ou seja, já fez essas maldades? — Henrique estava curioso.

— Pode ser que sim ou não, porém a magia foi desfeita, você a desfez com pena do sapo.

Tudo Passa

— É mais complicado do que pensava, espero mesmo que eu tenha aliviado o coitado do bichinho — Henrique suspirou.

— Somos livres, meu jovem, para fazer o que queremos, mas somos responsáveis pelo que fazemos. É triste ver alguém sofrer por maldades e, quando alguém sofre pelas respostas desses atos, é triste também. Atente-se ao que eu vou lhe dizer: maldade é falta de bondade; pecado, de santidade; grosseria, de gentileza; desequilíbrio, de harmonia; escuro, de claridade. Enquanto não trocamos um pelo outro, o certo pelo errado, haverá sofrimento, porque quem faz o outro sofrer padecerá.

— O senhor se aposentou e continua trabalhando. Por quê? — Henrique mudou de assunto.

Há tempos o garoto queria saber o porquê de aquele senhor bondoso trabalhar muito.

— De fato, trabalhei na estação ferroviária e, no tempo certo, me aposentei. Mesmo trabalhando na ferrovia, aprendi a benzer e, nas horas vagas, o fazia; quando aposentei, tive mais tempo para me dedicar e ajudar as pessoas. Trabalho, sim, faço o serviço de casa, cuido da horta e faço doações de verduras que ela produz. Henrique, todos nós temos de ser úteis, a natureza não gosta de ociosos, de quem não tem serventia. Você já não escutou que muitos aposentados que optam por não fazer nada adoecem e às vezes morrem logo? Penso que é por isso, temos de ser úteis; quando não se serve mais para nada, nem para aconselhar, fazer pequenas gentilezas, não precisa ficar aqui. Eu gosto de trabalhar, de ser útil, e me alegro quando faço o bem.

— Vou embora, não avisei à mamãe que saí. Obrigado, senhor Fidelis, irei todos os sábados pela manhã à cachoeira e, se eu vir algum sapo costurado, irei ajudar o bichinho. Até logo!

Henrique voltou rápido para o sítio e, aliviado, percebeu que a mãe não havia notado sua ausência.

Estabeleceu o hábito de sábado, pela manhã, ir à cachoeira, observar bem o lugar e, por duas vezes, viu sapos costurados e os ajudou; fez isso pelos animaizinhos, para eles não sofrerem.

"Que bom se todos nós fôssemos somente receptivos para receber energias boas, mas, enquanto houver quem faz essas maldades, haverá receptividade, porque, infelizmente, quem as faz receberá energias iguais às que emitiu."

Henrique nunca mexeu nos objetos que lá deixavam, como alimentos e bebidas. Ele não queria que animais sofressem e pensava: "Cada um recebe o que faz jus, espero que essa pessoa não receba maldade e, melhor, não a faça".

Henrique sempre teve muitos amigos, gostava de todos, e todos gostavam dele; também estava sempre fazendo favores, era um filho obediente e bom irmão.

Não falava para ninguém que escutava uma voz. Quando menor, achava que era normal, que todos escutavam, que era sua mente que conversava com ele mesmo. Depois entendeu que aquela voz era alguém, e morto. Não sentia medo, amava o dono daquela voz. Resolveu saber a opinião do senhor Fidelis sobre o que ocorria com ele, foi procurá-lo e explicou que escutava uma voz.

— Desde que você era pequeno — elucidou o benzedor — vejo um espírito bom ao seu lado. Claro que ele não fica o tempo todo com você, são amigos, e ele vem visitá-lo e saber como está.

— Penso que é melhor ele arrumar o que fazer e me esquecer — desejou o mocinho.

— Por quê? Você não gosta dele?

— Sei lá se gosto. Amigos, amigos, defuntos à parte. Se ele não é deste mundo, é melhor que fique no dele.

— O mundo é de todos — Fidelis explicou —, não existe um mundo lá e outro cá. É um e de todos. Ele é seu amigo, talvez trabalharão juntos.

— Estou estudando e irei trabalhar para ganhar dinheiro e me sustentar. Fale para ele tomar o seu rumo — pediu o garoto.

— Ele está escutando — Fidelis o alertou.

— E ele o que responde?
— Somente riu — contou o benzedor.
— Interessante! — exclamou Henrique.
— Por que acha interessante?
— Sei lá, defunto é estranho, pensa diferente. Bem, ele que faça o que quiser.

Henrique não deu importância, ele nunca dera, parecia normal esse fato e devia continuar sendo. Agradeceu o velho benzedor e foi embora.

Quando ele terminou o primeiro grau, arrumou um emprego num armazém e juntou dinheiro. Tinha somente folga no domingo e ia à cachoeira, não viu mais animais costurados, mas galos e galinhas mortos. Soube que no sábado à tarde algumas pessoas recolhiam os alimentos e bebidas deixados e pegavam para elas. Um homem que fazia isso explicou para Henrique:

— Depois que eles pegam o que querem, tenho permissão para pegar para mim.
— "Eles" pegarem? "Eles" quem? — Henrique quis saber.
— Os espíritos.
— Quem lhe deu permissão?
— O senhor Calé — respondeu o homem.
— Quem é Calé?
— É apelido de um homem, não sei o nome dele, é o chefe do grupo que vem aqui à noite fazer a magia.

Curioso, Henrique foi novamente à casa do senhor Fidelis e o indagou sobre suas dúvidas. O benzedor o esclareceu:

— "Eles", a quem esse homem se referiu, são desencarnados que se reúnem, afinam-se, com esses encarnados, que são pessoas imprudentes que fazem esses rituais. Esses desencarnados estão ainda muito ligados à matéria física e gostam de sugar energias materiais, sugam energias de alimentos, bebidas etc. e se sentem saciados, gostam também de sangue. Depois que eles pegam o que querem, eles não ligam se alguém pegar os restos. Esse homem agiu com cautela pedindo permissão.

— Tudo isso é admirável! — Henrique se surpreendeu.

— Existem muitas coisas diferentes que podemos pensar serem estranhas. Esses encarnados, essas pessoas que lá vão fazer esses rituais, quando falecerem, desencarnarem, talvez fiquem como esses desencarnados, e esses espíritos, talvez, ao reencarnarem, passem a fazer esses rituais.

— Esse ciclo não termina? — Henrique se assustou.

— Sim, termina, tudo cansa ou o sofrimento vem para equilibrar, é a lei; enquanto podem, continuarão nesse vai e vem, aumentando a plantação ruim, mas a hora da colheita chega.

Henrique foi embora pensando em ver o que acontecia naqueles rituais. Resolveu ir, na sexta-feira seguinte, em que a lua seria cheia; foi antes na quarta-feira e planejou onde ficaria sem ser visto. Organizou tudo na sua mente.

Na sexta-feira ficou lendo um livro na sala, à noite. Quando todos foram dormir, ele saiu sem fazer barulho, pegou a bicicleta que deixara fora do portão e foi pedalando sem fazer barulho, a lua estava linda e clareava bem. No ponto que havia planejado, deixou a bicicleta no chão e foi andando devagar; perto da cachoeira andou abaixado e ficou no local que escolhera. Viu um grupo, contou vinte pessoas, homens e mulheres que fumavam, bebiam e depois tiraram as roupas, ficaram nus. Henrique se assustou, ficou quieto, nem se mexia, arrependeu-se de ter ido e sentiu medo.[2] Resolveu ir embora, arrastou-se por uns metros; depois, agachado, foi até onde tinha certeza de que não seria visto, andou até a bicicleta e voltou para casa. Foi então que viu sua camisa rasgada e que arranhara o peito e os braços, que estavam sangrando. Tentando não fazer barulho, foi ao banheiro, lavou seus arranhões, passou remédio e tentou limpar a camisa.

---

2 N. A. E.: Esses rituais se diferem muito. Alguns são somente oferendas a entidades em agradecimento ou para pedir auxílio. Os que são feitos para o mal, os que fazem maldades, também se diferem. Alguns usam animais, outros não. Porém todos os que fazem maldades são deprimentes. Realmente são feitos de diversas maneiras.

Demorou para dormir, aquelas cenas ficaram na mente. Acordou cedo, tinha de trabalhar. Explicou para a mãe:

— Mamãe, esqueci ontem de contar que caí da bicicleta quando voltava para casa, sofri somente uns arranhões, mas estraguei a camisa.

— Não percebi. Deixe-me ver — pediu a mãe.

Henrique mostrou; a mãe olhou para o ferimento, depois para ele, e não disse nada.

Ele foi trabalhar, ficou inquieto o dia todo, mas procurou fazer direito seu serviço. Quando saiu, às dezessete horas, foi rápido à casa do senhor Fidelis. Sabia que ele se reunia com um grupo de pessoas para orar e estudar o Evangelho, às dezoito horas. Chegou afobado e, depois de cumprimentos, expressou:

— Senhor Fidelis, sabe o que eu fiz? Não sabe! Ontem à noite fui escondido à cachoeira para ver o ritual de um grupo. Fiquei bem escondido, foi horrível o que vi — Henrique enxugou o rosto. — Estou inquieto!

— Você já ouviu o ditado "a curiosidade mata"? Com certeza, curioso, você se intrometeu onde não foi chamado. Espero que tenha aprendido a lição e não volte mais lá pra espiar. Por que você não teve interesse de ver o que meu grupo faz? Será porque o que é escondido desperta mais interesse? Realmente, você não devia ter ido espiar, mas, já que foi, esqueça o que viu. Bem... esquecer não é possível, mas se esforce para não pensar. Vou benzer você para sossegar sua mente.

Fidelis colocou as mãos acima, uns oito centímetros, da cabeça do garoto e orou. O jovem sentiu paz, realmente sossegou, e depois concluiu:

— Sei agora que aquilo que vi é o que não quero para mim!

— É isso, rapaz! Quer ficar para nossas orações? — convidou Fidelis.

— Quero!

Como muitas vezes Henrique ficava no sábado até mais tarde na loja, não ia preocupar a mãe se atrasasse. Ficou.

Viu algo totalmente diferente. Várias pessoas foram chegando, cumprimentaram-se sorrindo, sentaram e ficaram orando, todos estavam serenos e tranquilos. Um jovem, Henrique o conhecia, abriu o Evangelho e fez uma leitura bonita. Deram opinião do que fora lido, depois oraram. Por trinta minutos, ficaram ali numa confraternização de amizade. Terminaram e ficaram conversando, Henrique se despediu e voltou para casa.

De uma coisa ele tinha certeza: a tranquilidade, somente a tem quem cultiva a vivência no bem e não deseja nem faz algo errado.

Por dias ainda sentiu medo, evitava pensar no que vira e, quando aquelas cenas vinham à sua mente, orava e pedia: "Jesus, esteja comigo!".

Acabou não se lembrando mais, porém não esqueceu.

Ficou dois anos no emprego, então sentiu que queria trabalhar no hospital. Seu pai não aprovou, queria que ele estudasse contabilidade. Suas irmãs e irmão continuaram estudando. Henrique decidiu ser enfermeiro.

Com dinheiro guardado, foi à cidade próxima para fazer um curso técnico de enfermagem. O curso não era caro, mas tinha de gastar com a passagem de ônibus e três vezes por semana almoçar na cidade. Demitiu-se do emprego e se matriculou no curso.

Sua rotina então mudou: levantava-se muito cedo; ia de bicicleta até o ponto de ônibus; deixava a bicicleta no guarda-volumes, pagava por isso; ia à cidade; parava na rodoviária; e tinha de andar cinco quarteirões até o prédio onde tinha as aulas, normalmente as aulas terminavam às onze horas e trinta minutos; fazia o caminho de volta; e ia almoçar na sua casa às quatorze horas. Nos dias que tinha aulas à tarde, almoçava num bar perto e voltava para casa à noitinha. Como não tinha aulas no sábado, ia trabalhar no seu antigo emprego, pois sábado era dia de movimento. Seus pais não precisavam ajudá-lo nos estudos. Quando começou a ter aulas práticas, teve de ficar mais na cidade. Gostou do curso e de ser enfermeiro. Na última etapa, foi trabalhar no hospital aos sábados e domingos e dormia na casa de um amigo, pagava por isso.

Concluiu o curso com satisfação e foi admitido no pequeno hospital de sua cidade. Ficou mais fácil para ele, que ia de bicicleta para o trabalho e voltava. As suas duas irmãs, professoras, casaram-se, e o irmão estava noivo e ficou no sítio ajudando o pai.

— Ique — a mãe se preocupava —, você não tem namorada. Não vai arrumar uma?

Era assim que seus familiares e alguns amigos o chamavam de forma carinhosa, de Ique.

— Mamãe, estive tão atarefado que não tive tempo, embora tenha namorado duas garotas que faziam o curso comigo, nada sério, então não comentei. Estou gostando muito de trabalhar sendo enfermeiro, quero me aperfeiçoar nessa área e, assim que possível, comprar um carro; quando chove, ir ao hospital de bicicleta é um problema.

Henrique se dedicou a ajudar os doentes, trabalhava na enfermaria masculina. Por ser simpático, atencioso, era requisitado, os doentes queriam que ele cuidasse deles, por isso sempre ficava mais tempo do que o seu turno no hospital. Focou no seu trabalho, o resto passou a ser secundário. Continuou tendo amigos, ajudando-os quando eles precisavam, participando com a família de encontros, festas, formaturas, noivados e casamentos. Com alegria, os presenteava, gostava de estar com todos, mas era seu trabalho, o hospital, que sentia fazer realmente parte de sua vida.

Participava das conversas dos colegas; durante o trabalho, comentavam de relacionamentos amorosos, da saúde de familiares, onde tinham ido, sobre política, futebol etc. Também comentavam sobre enfermos, doenças e mais daqueles de que se apiedavam.

O hospital, sendo pequeno, não tendo muitos aparelhos, os enfermos com doenças que exigiam mais cuidados eram transferidos. Na opinião de Henrique, todos necessitavam de atenção, principalmente os doentes com câncer. Ali atendiam os feridos em acidentes, pessoas com fraturas e os que precisavam de suturas.

Havia dias movimentados, outros mais sossegados, e Henrique participava ativamente do dia a dia do hospital.

No mesmo dia deram entrada no hospital dois homens: um era o Fidelis, e o outro, Calé. Todos queriam visitar, ajudar o velho benzedor. Henrique também foi vê-lo. Ele sofreu um enfarto, foi para o hospital, e o médico, que tantas vezes fora benzido por ele, o deixou internado para não ficar sozinho na sua casa. Fidelis sempre morara sozinho, não se casara, tinha dois irmãos, e eles se davam bem, mas preferiu morar sozinho.

Médicos, enfermeiros, todos os que trabalhavam no hospital queriam agradá-lo. Henrique ia vê-lo pelo menos três vezes por dia.

Calé chegou muito enfermo, os dois médicos não conseguiram diagnosticá-lo. Embora seu coração trabalhasse normalmente e as radiografias não apresentassem anomalias nos pulmões, ele estava ofegante, sentia dificuldades para respirar e sua pele estava com manchas, brotoejas, bolhas e descamava. Calé não era educado, estava sempre exigindo algo e atenção. Começou a cheirar mal, então foi transferido para um quarto nos fundos do hospital, um quarto isolado, o isolamento. Ninguém queria atendê-lo, o faziam porque era o trabalho. Um dos médicos pediu para Henrique atendê-lo, e o jovem enfermeiro passou a ir limpá-lo, dar banho etc.

Henrique se lembrou dos sapos, a pele de Calé parecia a de um sapo.

O enfermeiro evitava falar quando estava cuidando dele e respondia quando diretamente indagado. Escutava seus lamentos e, um dia, após escutá-lo, Henrique comentou:

— O senhor tem uma doença que deve ser rara porque os dois médicos não sabem o que é. Desculpe-me, mas a pele do senhor parece a de um sapo.

— Vi-me no espelho; você, jovem enfermeiro, tem razão, mas o pior é que sinto sufocar.

— Sente como se estivesse com a boca costurada?

Calé olhou para Henrique como se fosse fuzilá-lo. Xingou. O jovem enfermeiro não respondeu e terminou rápido seu trabalho.

— Você é um moleque irresponsável! — Calé se irou. — Costurei bocas e, cuidado, que costuro a sua. Bem... não costuro. Não tenha medo. Você é o melhor enfermeiro que cuida de mim, não faz cara de nojo. Estou fedendo. Agora que estou sofrendo, lamento o que fiz.

— Tudo bem, espero que o senhor sare — respondeu Henrique e se despediu.

Henrique comentou a situação de Calé para Fidelis, que esclareceu:

— Será mesmo que ele se arrependeu do que fez? Tomara que sim! Porém os atos de maldade dele a ele pertencem. Quem lamenta o mal que fez em vez de fazer o bem que pode fazer perece e sente que seus males aumentam. Não eliminamos os erros cometidos lamentando-os e os maldizendo.

— Sinto Calé pensativo — comentou Henrique.

— Meu jovem enfermeiro, nosso pensamento pode ser construtivo, quando pensamos o bem, e destrutivo, quando pensamos o mal. O pensamento tem uma força enorme tanto para o bem quanto para o mal.

— Entendo isso — concordou Henrique. — Ao entrar neste quarto, sinto-me bem, leve, tenho vontade de orar, ficar aqui. Quando entro no quarto onde está Calé, esforço-me para não sentir nojo ao vê-lo e tampar o nariz pelo mau cheiro. A energia negativa ali é forte.

— Henrique, ao fazer mal a outros, a primeira e pior vítima é a pessoa que faz, porque, antes de atingir o alvo de sua maldade, feriu a si mesma. Assim, o mal de fato é para quem o faz.

Fidelis desencarnou à noite, tranquilo, como sempre viveu. A morte do corpo físico não nos modifica. Modificamo-nos quando queremos.

Todos sentiram a desencarnação de Fidelis.

Calé recebia muitas visitas, ele fora casado, comentavam que ele tivera muitas mulheres; quando ficou doente, morava com uma jovem que, no começo de sua internação, ia todos os dias vê-lo, sentava-se perto do leito e parecia aliviada quando ia embora; depois foi escasseando as visitas até não ir mais. Ele ficava muito sozinho. Dois funcionários faziam a limpeza do quarto o mais rápido que conseguiam, ninguém gostava de ficar onde Calé estava.

Calé foi piorando, não conseguia mais se levantar do leito e se alimentar, foi lhe colocada uma sonda e ele sentia dores terríveis. Henrique continuou escalado para higienizá-lo e alimentá-lo, mas passou, como todos que entravam no quarto, a usar máscara.

Ficou por dois anos sofrendo e cheirando mal. Quando desencarnou, foi fechado num caixão e enterrado em seguida.

Henrique fixou bem as diferenças de desencarnações e pensou que, no Plano Espiritual, também deveria ser diferente a mudança entre as pessoas que foram boas e más. Entendeu que o retorno vem.

Ia ainda muito à Cachoeira Pequena nas suas folgas e ficava por tempos sentado numa pedra. O grupo foi parando de fazer os rituais ali, e ele não encontrou mais sapos com bocas costuradas.

O jovem gostava do lugar, ali se sentia tranquilo, em paz com a natureza; poucas vezes entrava na água, que era fria.

— Aqui — concluiu Henrique — de fato fez parte de minha infância e adolescência!

Sentia realmente isso.

2
No grande hospital

Numa cidade a duzentos e quarenta quilômetros de distância, estavam precisando de médicos e enfermeiros. Tanto o hospital como a cidade eram de porte grande. Henrique se interessou em ir, obteve mais informações. Seus pais não aprovaram, a mãe pediu para ele não ir, Henrique explicou que seria bom ele ir porque iria estudar, fazer cursos e teria um ordenado bem melhor.

Morando com os pais, ele tinha pouca despesa; conseguiu, logo que passou a trabalhar no hospital, guardar dinheiro e comprar um carro; depois de um ano, trocou-o por outro melhor e ainda tinha dinheiro guardado.

Decidiu ir, pediu demissão. Alegrou-se porque todos, os funcionários, médicos e o diretor do hospital, tentaram fazê-lo mudar de ideia e ficar, mas Henrique estava decidido e foi lhe dada uma carta de recomendação.

Foi embora contente; se ia ganhar melhor, gastaria mais. Alugou um pequeno apartamento, minúsculo, mas perto do hospital, e o mobiliou de forma que ficou confortável e bonito.

O trabalho no novo emprego, embora ele fizesse a mesma coisa, diferenciava-se por ter muito o que fazer, sentiu por não ter mais tempo para conversar, escutar os enfermos, mas acabou por dar um jeito: entrava antes uns quarenta minutos, no horário ia marcar o ponto e normalmente saía mais tarde.

Matriculou-se em todos os cursos que lhe foram possíveis e os fez, todos de enfermagem. Gostou demais de estudar. Fez curso para ajudar na pediatria, com idosos e aprendeu a fazer partos. Eram cursos que o hospital promovia e que duravam de três a cinco semanas, com aulas três vezes por semana.

No hospital, sendo grande, havia muitos problemas e um deles incomodou Henrique. Um jovem médico errava muito na medicação; por duas vezes Henrique não deu a medicação que ele prescrevera ou o fez com doses menores. Resolveu falar com o médico encarregado do setor. Ali havia enfermeiros, médicos responsáveis por setores. Ele o ouviu.

— Henrique, esse médico é filho do diretor do hospital, mas não é por isso que devemos nos calar. Tem muitas suspeitas, mas não provas. Faça o seguinte: quando ele deixar anotado uma medicação para um paciente e você achar que não está certo, me chame; irei olhar e, se concordar, iremos ao diretor.

No outro dia, o médico prescreveu uma dose de um remédio que poderia levar a óbito um senhor de setenta e quatro anos. Henrique fez o combinado, o médico pegou a prescrição, foram ambos à sala do diretor e expuseram o fato.

— Trate você desse paciente! Agora saiam! — ordenou o diretor depois de escutá-los e ter ficado com a receita.

— Penso que terei de arrumar outro emprego — lastimou Henrique.

— Acredito que não. O diretor é um excelente médico, fez de tudo para o filho cursar medicina, comentam que até pagou para ele entrar na universidade e depois o colocou aqui no hospital. Penso que esse médico, o filho do diretor, estudou o que não queria. Com certeza não se esforçou em aprender e receita muitos analgésicos. Fizemos o certo; se o diretor não tomar providências, irei conversar com outros médicos e o denunciaremos antes que ele cause a morte de alguém.

O fato é que o diretor o afastou, e esse médico foi ser piloto de provas.

"Como não dá certo os pais escolherem a profissão de filhos! Alguns continuam a exercer a profissão, mas se sentem frustrados e consequentemente infelizes. O pior é quando a profissão envolve diretamente a vida de outro", concluiu Henrique.

Assim que acabou o curso para auxiliar em partos, numa tarde, já estava quase no horário do término de seu turno e um médico lhe pediu para ajudá-lo num parto. O médico comentou com a equipe que a parturiente era usuária de drogas e que ela fizera uso de tóxicos na gravidez.

Foi um parto fácil, mas a criança era muito pequena, uma menina, que foi para a Unidade de Terapia Infantil, para uma incubadora. Henrique sentiu pena da nenezinha; no término do seu serviço, foi vê-la. A enfermeira explicou:

— Já chamamos a pediatra, a nenezinha com certeza terá crise de abstinência, está fraca, seu coraçãozinho não está batendo no ritmo normal.

Henrique teve permissão para entrar e, perto da recém-nascida, cantou baixinho e a criança se acalmou. A médica chegou e foi examiná-la, Henrique pôde ficar, queria fazer algo por aquele ser que acabara de nascer.

"Ajude-nos, Voz!", rogou Henrique.

Sentiu a presença do ser espiritual, mas não escutou nada. A médica se preocupou.

— Essa recém-nascida está indo a óbito, seu coração bate lentamente.

Henrique ajudou a médica e fizeram tudo o que fora possível para salvar a criança, mas ela faleceu.

— Tenho vontade de dar uma surra nessa mulher! Não merece ser mãe! — a médica desabafou.

A pediatra aproveitou para ver outros nenês antes de ir embora. Henrique continuou ajudando. Depois quis saber e indagou a uma enfermeira:

— Quem irá dar a notícia para a mãe de que a nenezinha morreu?

— Como sempre, é a encarregada, ela trabalha na secretaria, é muito jeitosa para isto, dar essas notícias. Ela já deu, também fiquei curiosa para saber a reação e me informei.

— Como a parturiente reagiu?

— Aparentemente não se importou, escutou e pediu que lhe aplicassem uma injeção para dormir.

— Meu Deus!

— Espero, Henrique — disse a enfermeira —, que seu desabafo seja somente de indignação e não de ter colocado Deus nesse episódio triste. Tudo tem motivo. Essa criança, para nascer ou querer nascer por essa mãe e ter vivido tão pouco, o tem também. Hoje nasceram, até agora, sete crianças, e os outros seis foram esperados, queridos, e os pais se alegraram, com certeza serão bem criados. Há diferenças até nos nascimentos.

— A médica pediatra desabafou que sentia vontade de surrar essa mãe — contou Henrique.

— É um desabafo! Porém devemos vê-la como a mais infeliz das mães. Se ela errou, irá pagar por isso!

Não tendo mais o que fazer, Henrique foi para casa caminhando devagar. Escutou a Voz.

— *Ique, não se entristeça; como a enfermeira falou, tudo tem razão de ser. O espírito da nenezinha foi levado para um bom lugar.*

"Ela nascerá novamente?", o enfermeiro quis saber.

— *Como todos nós, vamos e voltamos. Cada caso é visto de um modo e com certeza será feito para ela o que necessita. Espero que esse espírito volte por uma mulher que realmente seja mãe.*

Henrique continuou não tendo a certeza se conversava com ele mesmo ou se a voz era alguém, um espírito. Não quis, não se interessou ou procurou saber o que era aquela voz, para ele estava bem assim.

Um mês depois, já ia sair do hospital, um médico obstetra o chamou para ajudá-lo.

— Essa parturiente — explicou o médico à sua equipe — é usuária de drogas, está grávida de vinte e seis semanas; no exame de rotina foi constatado que o feto não está vivo. Ela começou a ter hemorragia. Vamos examiná-la, talvez tenhamos de fazer uma cesariana.

— Ela não queria essa criança — contou uma enfermeira —, me disse que fez de tudo para abortar, que esmurrava a barriga e nem ligou, suspirou aliviada quando soube que a criança morreu.

— Tem dois filhos que a mãe dela cria, não liga para nada, deve pensar somente nas drogas — falou outra enfermeira.

A hemorragia aumentou, o médico certificou e o feto estava morto. Como não conseguiu cessar a hemorragia, foi feita a cesariana.

O que viram espantou a todos que estavam na sala. O médico comentou:

— Quando estava na universidade estudei essa possibilidade, mas não a tinha visto, já vi a placenta grudar nas paredes do útero, mas não o feto.

Estavam o feto e a placenta colados no útero e, por estar tendo hemorragia, o médico optou pela retirada do órgão, do útero. O feto era diferente: embora aparentando que seria uma criança sem anormalidades, ela estava estranha, seu rostinho sério, parecia estar sentindo dor. Henrique sentiu que aquele espírito, que ia reencarnar, estava com raiva.

Fizeram tudo o que poderia ser feito e conseguiram salvar a mulher. Quando terminou, Henrique foi ajudar a levá-la para outra sala e, ao olhá-la, pareceu que viu alguém deitado com ela; olhou bem e viu somente a mulher. Deixando-a acomodada na ala de recuperação, Henrique foi embora, voltou para casa cansado e triste. Escutou a Voz:

— *Ique, você viu de fato alguém perto dela, era o espírito que ia reencarnar, que, com ódio por ter sido rejeitado, quer ficar perto dela. Com certeza se iniciou uma complicada obsessão, que fará esses dois espíritos sofrerem até que aprendam a amar. Ela, não querendo mais filhos, o repeliu, e ele se sentiu impedido de voltar ao Plano Físico; e não conseguindo, desejou se vingar. Quando a gestação não dá certo, o espírito que ia reencarnar é normalmente ajudado; muitas vezes a mãe, os pais sentem, sofrem, mas a vida segue. Em abortos provocados, pode ocorrer de o espírito se revoltar e perseguir quem o repeliu, porém muitos entendem, perdoam e seguem seus caminhos.*

"Complicado!", pensou Henrique.

— *Somos nós que complicamos.*

A mulher teve algumas complicações, ficou internada por três dias, teve alta e foi embora. Henrique não soube mais dela.

Henrique atendia um senhor, José Adão, que estava com câncer nos ossos; este senhor pediu para o médico que o atendia para Henrique cuidar dele. O enfermeiro o fazia com carinho e cuidado, porque sabia que o enfermo sentia muitas dores. As vezes José Adão chorava baixinho e se esforçava para não gemer, o que, segundo ele, era para não amedrontar os outros enfermos.

— Enfermeiro Henrique, sabe por que tento estar bem e não me revolto com tantas dores?

— Não. O senhor não quer me contar?

— É por causa de duas palavras mágicas.

Henrique se interessou. "Será", pensou, "que estou diante de um feiticeiro, um mago?".

— Para crianças — explicou José Adão —, dizemos que há três palavrinhas mágicas, que são: desculpe-me, por favor e obrigado. De fato o são, porque com elas as crianças conseguem apaziguar a situação e receber muitas vezes o que querem. Nós, os adultos, temos também, e como são mágicas! São: "tudo passa!". Tenho levado muito a sério essa magia. Minha infância passou, assim como a juventude, passou a união, sou viúvo há oito anos, passou o período útil do trabalho. Enfim, passaram os momentos bons, alegres e agradáveis, assim como os difíceis e complicados. Agora estou aqui no leito de um hospital precisando de alguém para cuidar de mim, tenho sentido muitas dores. E aí? Irá passar. Meu corpo irá parar suas funções, meu espírito irá para outro local, viverei um tempo na espiritualidade, e este período também irá passar. São ou não são duas palavras mágicas?

— O senhor tem razão — concordou Henrique. — De fato são mágicas e devemos tê-las sempre em mente.

— Sim: nos bons momentos, administrar; nos ruins, tirar lições e permanecer firme. E, querendo ou não, tudo passa.

Henrique de fato concordou, achou coerente e resolveu ter para si o ensinamento, as duas palavras mágicas.

No hospital grande, o movimento normalmente era intenso, mas mesmo assim os funcionários conversavam bastante. Trocavam informações de enfermos, comentavam casos, falavam de suas vidas particulares e, se algum tinha problemas, a maioria sabia, opinava e tentava ajudar.

Novamente, Henrique colocou seu trabalho em primeiro plano, amava estar ali. Continuou a se preocupar com a família, tentava participar dos encontros familiares. Saía também, passeava, tinha encontros com garotas, mas o importante para ele era o seu trabalho.

Muitos enfermos comoviam Henrique; escutava, desde que se tornara enfermeiro, que se acostumaria a lidar com doenças e dores, mas ele era sensível, se apiedava de muitos e se preocupava com todos. Doentes diferenciavam-se, uns tinham amigos que os visitavam e familiares que os acompanhavam, normalmente preocupados, que tentavam, esforçavam-se para aliviar as dores. Outros enfermos entravam no hospital sozinhos, assim ficavam e iam embora sem que ninguém se preocupasse com eles.

"Recebemos de fato o que plantamos", concluiu Henrique. "Dá para entender que os enfermos paparicados pelos amigos e família são aqueles que sempre se preocuparam com o próximo e ajudaram outras pessoas."

Aqueles que estavam sozinhos, Henrique tentava ficar mais com eles, conversar e escutá-los. Compreendeu que é numa enfermidade que se sente realmente falta de afetos e se deseja ter atenção.

"Estão tendo uma lição, talvez eles aprendam a doar para receber", desejou Henrique.

Com jeitinho, tentava orientar esses solitários enfermos os levando a pensar e conseguiu alertar muitos, despertar a vontade de mudar de atitude e passar a ajudar para serem ajudados, dar afeto para receber.

Numa tarde, no turno de Henrique, houve um acidente. Um motorista bêbado passou para a faixa contrária e colidiu de frente com um carro. Uma mulher dirigia o carro e estava com seus três filhos. Sempre, em acidentes, se organizava com rapidez o socorro. A mãe, um filho e uma filha não tiveram ferimentos graves, mas um garotinho, sim, ficou muito ferido. Henrique foi ajudar um médico a socorrê-lo, seu estado era grave. O médico fez de tudo para salvá-lo, mas não conseguiu e ele veio a óbito. Henrique deu um longo suspiro, ficou triste e olhou aquele corpinho sem vida, era um menino de oito anos, negro, lindo, e seu corpo físico era sadio. O médico colocou a mão no ombro do enfermeiro e disse:

— Enfermeiro Henrique, quando eu estagiava, um médico e eu lutamos muito, como agora, para salvar uma jovem de dezoito anos que fora acidentada, não conseguimos. Frustrei-me, e aquele médico me consolou: "Devemos tentar, nos esforçar para salvar vidas, mas, se não conseguimos... Então devemos focar nos que tentamos, fazendo todo o possível, e conseguimos salvar". Agora vamos ajudar a equipe com os outros feridos.

Henrique foi com ele, as duas crianças e a mãe estavam numa mesma sala para que as crianças, muito assustadas, ficassem perto da mãe. Os três não tiveram fraturas, mas estavam sendo suturados. A mãe estava inquieta, queria o outro filho, perguntava dele sem parar e escutava que ele estava sendo atendido. Com sinal, deram a notícia à equipe que cuidava deles de que o garotinho falecera.

— Quero o meu Fernandinho! Quero vê-lo! Quero! Ele desmaiou, vi-o ferido!

Tiveram de sedá-la. O pai das crianças, avós chegaram, levaram as duas crianças, a mãe foi para um quarto, deram a notícia para os parentes do falecimento do garoto. Foi muito triste.

Não tendo mais o que fazer e por ter passado duas horas de seu turno, Henrique saiu da sala para ir embora. Magda, uma enfermeira, foi com ele e, em outra sala, estava o homem ainda embriagado; ele não tivera fratura, mas estava com suturas e hematomas. Uma outra enfermeira foi lhe dar uma injeção.

— Deixa que eu dou! — Magda pegou a seringa e, com força, aplicou a injeção.

— Magda, por favor! — pediu Henrique.

— O senhor é um assassino, sabia? Um garotinho faleceu! A mãe está desesperada! A família toda! Imbecil!

— Magda! — Henrique advertiu-a.

O homem continuou calado, cabeça baixa. Quando Magda se calou, ele perguntou:

— Posso ir embora?

— Pode — respondeu Magda após ler a ficha dele —, porém deveria ir para a cadeia.

— Posso pegar meu carro?

— O quê?! — Magda se exaltou. — Quer ainda dirigir bêbado? Matar mais alguém? Porque o senhor matou. Ouviu bem? Pegue um táxi, seu carro ficou no local do acidente.

Henrique pegou no braço dela e a empurrou para o vestuário para irem embora.

— Magda, se contenha, sabe que não pode fazer o que fez.

— Você tem razão, Henrique, não me contive, ajudei a socorrer aquela mãe.

— Ele errou e espero que esse motorista entenda isto.

— Pior que não acontecerá nada com ele — lamentou Magda.

— Esqueçamos disso e vamos embora — aconselhou Henrique.

Ao ir para seu apartamento, Henrique foi andando devagar, pensou no que o médico lhe dissera e concluiu:

"Devemos sempre fazer de tudo para ajudar, mas, se não conseguimos... focar nas tentativas em que fizemos todo o possível e deu certo."

Prometeu colocar em prática esse ensinamento.

As solteiras no hospital cobiçavam Henrique desde que ele chegara e, depois de um tempo, ele se interessou por Gilda, uma moça bonita, funcionária da limpeza. Saíram algumas vezes, começaram a namorar. Gilda morava com a mãe, mas não gostava do padrasto. Seu pai morava em outro estado, longe, com seus dois irmãos. Ela residia distante do hospital. Foi então morar com Henrique, mas seu apartamento era pequeno para duas pessoas, então eles se mudaram para um outro, no mesmo prédio, que era maior. Henrique não conseguiu mais guardar dinheiro. Gilda não ajudava com nada, seu ordenado era somente para ela comprar coisas para si.

Com o passar dos meses, Henrique começou a se desiludir com ela. Gilda não fazia nada em casa, reclamava que no hospital trabalhava pesado, era ele que tinha de limpar, lavar roupas, passar e cozinhar muitas vezes. Por isso parou de ir antes e sair depois do horário, porém continuou, como sempre, gentil e atencioso.

Henrique ia uma vez por mês ver seus pais; trabalhando todos os domingos, conseguia folgar três dias consecutivos e ia durante a semana. Levou Gilda para eles conhecerem, a moça fez de tudo para agradar, foi gentil e educada. A mãe nada comentou, alegrou-se por ele ter arrumado uma namorada.

Foi na volta de uma visita aos seus pais em que foi sozinho que Gilda comunicou que ia embora. Henrique a escutou calado, Gilda justificou que ia voltar a morar com a mãe, queria terminar o relacionamento, e que era para ele não ir atrás dela.

— Gilda, você tem outro? Traiu-me? — ele quis saber.

— Você foi viajar — Gilda tentou explicar —, fui para a casa de mamãe, lá me encontrei com uma pessoa; a conhecia, pois mora no mesmo bairro; conversamos e percebemos que temos muito em comum. Não o traí, mas vou namorá-lo, ficar com ele.

— Tudo bem, Gilda, estamos terminados e você pode ir tranquila.

— Não achou ruim? — Gilda estava preocupada.

— O bom relacionamento tem de ser legal para os dois. Penso que não estava bom. Quero-a bem e espero que seja feliz.

Gilda pegou tudo o que era dela e mais algumas coisas e foi embora. Henrique sentiu, mas se esforçou para não sofrer e tentou se ocupar e se organizar. Tinha, no prédio, dois apartamentos pequenos, como era o seu antes, alugou um e mudou na outra semana.

No hospital, houve comentários de que Gilda fora morar com um homem com fama de violento, costumava bater nas mulheres. Henrique se preocupou e foi no intervalo conversar com Gilda, que sorriu ao escutá-lo e afirmou que era boato. Ele pediu para ela se cuidar.

Dias depois de terminar seu turno e sair, Henrique viu no portão do hospital um homem, ele fora esperar por Gilda. Ele olhou para Henrique, riu e falou para o enfermeiro escutar:

— E aí, como é ter galhos na cabeça? A boneca não o quis! Por que será que me preferiu? Sou o bom!

Henrique parou para ouvi-lo, mas três colegas se aproximaram e o fizeram andar.

— É melhor ignorar — pediu um colega.

Ele concordou com a cabeça e sentiu pena de Gilda pela escolha que fizera.

Na visita seguinte, contou para seus pais que terminara o namoro e escutou de sua mãe:

— Se pessoas num relacionamento amoroso não se afinam, um acaba por prejudicar o outro. É como o fogo e a água, não dá certo quando se encontram. O fogo é eliminado e a água evapora. E, se um predomina, acaba com o outro e fica sozinho. Se o fogo é maior, elimina a água e, se a água for em excesso, apaga o fogo. As pessoas, para darem certo num relacionamento, têm de se afinar, acrescentar um ao outro, para ambos ficarem fortes.

Voltou à sua rotina anterior e se sentiu bem.

Seu pai ficou doente, ele tirou férias e foi para lá. Encontrou seu genitor bastante enfermo, cuidou dele com carinho, ele piorou, foi internado no hospital e Henrique ficou com ele. Seu pai desencarnou; após o enterro, ele ainda tinha cinco dias de férias, voltou com a mãe para casa, no sítio, e foi então que entendeu que a mulher do seu irmão, eles moravam no sítio em outra casa, era uma pessoa difícil, ela não combinava com sua mãe. Seu irmão queria ser o dono do sítio. Para evitar uma briga maior, Henrique disse que não queria receber nada, e o irmão negociou com as irmãs a compra do sítio. Seu irmão levaria vantagem.

Tudo Passa

Henrique foi embora preocupado, passou a ficar mais horas trabalhando para ter folgas seguidas e ir ver a mãe; e ela, para não ficar muito no sítio, ficava dias nas casas das filhas. Ele passou a dar dinheiro para a mãe. Economizava, separava uma quantia e dava a ela.

Foram lhe contar que Gilda fora trabalhar machucada pela surra que levara. Henrique sentiu pena. Ela de fato não tinha quem a protegesse.

Dois meses depois, Gilda foi internada muito ferida, levara uma grande surra. Henrique, que trabalhava na ala masculina, no intervalo, foi vê-la. Tentou não falar nada que piorasse a situação da moça, mas ela, ao vê-lo, chorou.

— Ique, o que fui fazer? Veja meu estado! Será que não posso voltar para você?

— Gilda, você é por mim muito querida, mas, quando você foi embora, de fato rompemos. Não, você não pode, não deve mais morar comigo. Vou opinar sobre o que você deve fazer e, depois de me escutar, pense e resolva. Você deverá ficar internada por mais dois dias. Saia daqui e vá para a cidade em que moram seu pai e irmãos. Fuja! Esse homem é perigoso.

— Sei disso agora — Gilda suspirou. — Ele é bem capaz de ir ao seu apartamento e surrar a nós dois. Ele é forte, sabe lutar, intimida — Gilda voltou a chorar. — Como faço para ir embora?

— Não é difícil. Mande avisá-lo que ficará de oito a nove dias internada e que precisa de roupas; peça para sua mãe ou uma amiga pegar tudo o que é seu ou o que elas conseguirem. Não comente com ninguém. Eu compro para você uma passagem para a capital e, de lá, para a cidade mais próxima da que seu pai mora.

— Não tenho dinheiro! — lamentou Gilda.

— Faço isso para você.

— Henrique, quero que me perdoe. De fato não o mereço. Traí você e me trata assim.

Quando terminou seu turno, foi ver Gilda e a encontrou chorando. Como sempre, quando isso ocorria, de ele encontrar alguém chorando, ele se sentava para escutar. Quase sempre dava certo, a pessoa desabafava e se sentia melhor.

— Ique — lastimou Gilda —, não sei por que larguei você. Que diferença! Você nunca gritou comigo, o outro me bateu sete vezes, sendo que a última me deixou neste estado. Tenho dores nos ferimentos e duas costelas quebradas. Pensei e não encontro outra alternativa, tenho de ir embora. Mas como viajar? Aguentarei tanto tempo sentada? Meu pai mora longe.

— Gilda, você aguenta, sim; com certeza não será uma viagem fácil, mas necessária. Deve fugir desse homem antes que ele prejudique sua mãe e padrasto. Não chore. Ânimo! E espere que tudo irá melhorar, porque, Gilda, tudo passa. Pense em sua vida, foram muitos os acontecimentos que passaram. Que passe esse envolvimento que a faz sofrer. Logo seus ferimentos irão sarar, a viagem chegará ao fim, você estará com seu pai e irmãos, e uma outra forma de viver lhe será apresentada, esforce-se para ficar bem; se gostar de viver com eles, pense que passará; e se não gostar, que passará também e, depois de um tempo, poderá voltar.

— Você está me dizendo que nada é para sempre?

— Tudo é temporário, embora muitas coisas sejam mais duradouras, mas...

— Obrigada, Ique!

— De nada!

A mãe de Gilda levou as suas melhores roupas e lhe deu uma quantia de dinheiro. Henrique foi à rodoviária, comprou três passagens; conseguiu, depois de muita conversa, para Gilda ir para uma cidade perto; de lá, para a capital do estado; depois, para a capital do estado em que o pai morava; e, de lá, ela teria de ver como chegaria. Pediu, para a pessoa que o atendeu, se perguntada, falar somente da primeira passagem.

Ele levou Gilda à rodoviária e a colocou no ônibus.

Comentaram que aquele homem, ao saber que Gilda fora embora, disse que não se importava e que já estava com outra. Henrique o viu rondando seu prédio, o hospital, e, depois, de fato se desinteressou dela para curtir outra pessoa.

Henrique saiu com algumas outras garotas, mas não quis mais se envolver com ninguém. Ia visitar a mãe, levava dinheiro para ela; numa dessas visitas, foi à cachoeira, olhou bem o local e não achou mais nada interessante. Soube que eles não faziam mais rituais ali ou que era raro.

Convidou a mãe para morar com ele, que recusou. Ela ficava nas casas das filhas e, quando Henrique ia vê-la, os dois iam para o sítio.

Foi internado no hospital um homem com trinta e nove anos, casado, com três filhos, com uma doença rara que Henrique sabia existir, mas ainda não tinha visto. Era pênfigo foliáceo, conhecida como fogo-selvagem. O diretor providenciou a ida dele para um hospital especializado em tratar essa enfermidade.

Henrique se interessou e procurou saber como era esse hospital e como era esse tratamento, sentiu vontade de ir trabalhar nele. Porém era longe, distanciava-se muito da cidade que a mãe morava.

Sentia que a mãe não estava bem, ela estava ficando muito com as filhas, e os genros a tratavam bem. Queixava-se de que no sítio se sentia vigiada e que a nora não perdia uma oportunidade de maltratá-la.

Henrique continuou gastando o mínimo possível para dar dinheiro para a mãe, que pensava que ele ganhava bem. Ele fazia isso na tentativa de melhorar a vida de sua mãezinha e facilitava, sim, porque na casa em que ficava ajudava nas despesas, comprava presentes para os netos, e presentear a alegrava.

Sua mãe desencarnou de repente. Henrique chegou, ela estava no velório. Sentiu muita tristeza, retornou depois do enterro.

Reorganizou seu modo de viver e resolveu ir trabalhar no hospital que tratava aquela doença que causava tantos sofrimentos, que era o fogo-selvagem.

Visitou as irmãs, elas contaram que repartiram algumas coisas da mãe e doaram o restante. Deixaram para ele um xale que ela gostava muito e fotos. Ele deu a notícia de que iria mudar para longe e que ficaria difícil visitá-las. As irmãs estavam sentidas com o outro irmão e contaram que romperam com ele e com a cunhada.

O irmão, sabendo que ele estava na cidade, foi encontrá-lo para que assinasse uma escritura como se Henrique tivesse vendido a sua parte do sítio e ainda pediu para assinar um recibo de que recebera pela venda. O enfermeiro assinou e olhou bem para o irmão, que ficou inquieto, despediu-se e saiu. Ele tentou harmonizar as irmãs para que não guardassem mágoas e convencê-las de que o melhor era ter a consciência tranquila, mas se aborreceu.

"Penso que meu irmão foi influenciado pela esposa, mas ele tem a liberdade de escolha. Os dois erraram e o retorno virá. Como certas heranças trazem desavenças! Com certeza, pelo menos por um tempo, minhas duas irmãs não terão amizade com meu irmão e a família dele."

Henrique não recebeu nada; as duas irmãs ainda receberam, menos do que era justo, mas receberam.

"Para mim", Henrique concluiu, "foi o melhor: não me fará diferença ter ou não ter esse dinheiro. Prefiro ser prejudicado do que prejudicar".

Retornou chateado pela atitude do irmão. Dias depois, a mãe de Gilda o procurou e lhe deu um envelope.

— Meus filhos sempre me escrevem, e Gilda colocou um bilhete para mim e outro para você. Aquele valentão arrumou logo outra mulher, mas, na primeira surra que ele deu nela, o pai e os três irmãos da moça lhe deram uma grande surra. Agora essa moça o faz de empregado e o ameaça. Bem feito!

Henrique agradeceu e depois leu o bilhete de Gilda: ela o agradeceu, contou que estava bem e o convidou para ir para lá, que havia falta de enfermeiros. Ela deu o endereço.

O enfermeiro não respondeu; de uma coisa ele tinha certeza: não queria se relacionar novamente com Gilda.

Resolveu trabalhar no hospital que tratava aquela doença que causava tantas dores. Trocou correspondência, acertou para ir, demitiu-se do hospital. Todos sentiram sua saída, isto o comoveu. Voltou à cidade que morava, despediu-se das irmãs, dos cunhados e dos sobrinhos, não viu o irmão.

Desfez-se do apartamento, vendeu o que lhe foi possível, doou o resto, carregou o carro, deixou tudo certo. Partiria no outro dia cedo, por isso ia dormir num hotel.

Surpreendeu-se que vários colegas foram se despedir dele, foram a um barzinho, e ele recebeu mimos, o que o emocionou. Eles o agradeceram, a maioria dos colegas de trabalho tinha algo para lembrar e o agradecer, ele nem se lembrava do que havia feito aos colegas. Não o fizera para ser lembrado, o fizera porque pensou que deveria ter feito.

Eles pensavam que Henrique voltaria logo; até o diretor, quando se despediu, disse:

— Henrique, volte e pode ter certeza de que teremos vaga para você.

Abraçou todos com carinho na despedida. Foi dormir contente e, no outro dia cedinho, partiu. Seriam muitas horas viajando.

3
Um hospital de amor

Henrique, durante a viagem, se recordou de sua vida até aquele momento. Saíra da escola com quatorze anos; logo completou quinze e ficou empregado no armazém por dois anos. Com dezessete anos, fez o curso de enfermagem; depois trabalhou como enfermeiro no hospital de sua cidade e lá ficou por cinco anos. Trabalhou no hospital grande por onze anos.

"Trinta e seis anos!", suspirou. "Tantas coisas vi, participei de muitos fatos nestes anos vividos. Graças a Deus não tenho do que me arrepender. Não fiz nenhum ato que tenha prejudicado outra pessoa. Espero, quero continuar assim. Estou em paz, tranquilo, e quero ser útil no meu novo emprego."

Na viagem, embora cansativa, na qual teve de ficar muito atento por desconhecer o caminho e não se perder, transcorreu tudo bem; fez muitas paradas, pernoitou numa cidade e chegou à tarde na cidade do hospital. A metrópole era de porte médio, bonita e arborizada. Encontrou logo o hospital. A primeira impressão foi de um asilo, mas logo entendeu que era um hospital diferenciado, específico para uma doença.

Aguardou no portão para ser atendido, uma moça foi lhe perguntar quem era, Henrique falou e esperou, logo uma senhora foi recebê-lo.

— Henrique, seja bem-vindo! Como foi de viagem? Está cansado? Entre! Vou abrir o portão grande, passe com seu automóvel e o guarde na garagem.

Ele foi para o local indicado, que era um galpão aberto, mas coberto. Ali estava uma camionete velha. A senhora o acompanhou sorridente, ela era uma pessoa que bastava olhá-la para gostar dela, porque irradiava tranquilidade e amor. Henrique a observou discretamente: era negra, cabelos curtos, de estatura mediana, magra e um pouco corcunda, olhar vibrante e sorriso encantador.

— Eu sou a Maria! — Apertou a mão dele assim que o recém-chegado saiu do veículo.

— Muito prazer — Henrique sorriu. — Fiz uma boa viagem e estou cansado.

— Vou levá-lo ao seu aposento para que tome banho e coloque seus pertences no lugar para depois jantar. Obrigado por ter vindo, com certeza fará parte de nossa equipe.

Henrique a acompanhou, ela atravessou um pátio e entrou por uma porta, chegando num corredor que tinha seis portas. Ela abriu a segunda.

— Você conhecerá o hospital amanhã. Pode ser que ache diferente do outro que trabalhava. Aqui não é um entra e sai de pacientes. A doença de que tratamos é rara, mas, para nós, nem tanto, porque sempre temos muitos pacientes e, como o tratamento é demorado, nossos enfermos ficam um tempo conosco. Tudo está limpo, aqui está seu armário, a cama, mesa de cabeceira e aqui o banheiro.

Henrique a escutava atento e foi olhando para onde ela mostrava. A cama era de solteiro, tudo simples e de fato muito limpo; o banheiro era pequeno, um box com chuveiro, uma pia e vaso sanitário.

— Aqui é um espaço somente seu — completou, Maria, a informação —, que deverá limpar e colocar o que quiser. Nos outros quartos, nesta parte, temos seis, às vezes hospedamos as visitas, familiares de internos que vêm revê-los. O quarto à direita deste é meu espaço: não moro aqui, tenho minha casa, mas às vezes necessito ficar no hospital e o uso para descanso, assim como minha filha, Cristina, quando precisa pernoitar. Ocupa o quarto da frente, uma enfermeira, Elisa, que também mora aqui e, ao lado, é o aposento do enfermeiro Mariano. O que você sabe da doença que tratamos?

— O que li em folhetos, livros, mas não foi muita coisa — Henrique respondeu e a olhou.

— Sei que não há muitas coisas escritas sobre ela. Aqui temos somente enfermos com essa doença, embora muitos apresentem também outras enfermidades. Ler, ver fotografias, gravuras é uma coisa; ver o doente, o ser humano adoecido é outra. Eu não vejo a doença, mas o enfermo, o próximo com dores físicas e outras, porque aqui eles ficam longe da família, amigos, então tento, tentamos, ser a família deles. Pênfigo foliáceo é uma enfermidade que requer muito cuidado e normalmente leva a óbito, é autoimune. Em alguns doentes ela se apresenta com mais gravidade. Temos cura, mas o tratamento é demorado. Não quero assustá-lo, mas deixá-lo ciente de que nosso trabalho tem de ser dedicado, porque esta doença é muito dolorosa, queima como queimadura de fogo. Faz bolhas na pele que necessitam ser limpas e que se rompem com facilidade. Em muitos dos nossos doentinhos, as bolhas estão pelo corpo todo e afetam também as mucosas, como a boca, além da face, do tronco superior e do couro cabeludo. Infelizmente, muitos dos nossos doentinhos desencarnam, ou seja, falecem por sepsia. No pênfigo, são bolhas flácidas ou erosões, e, no penfigoide, as bolhas são mais densas.

Henrique a escutava de cabeça baixa; quando Maria terminou, ele a olhou, e ela sorriu.

— Falo isso a você, caro enfermeiro, porque aqui é um lugar em que verá, lidará com muitas dores. Quando eu olhei para você, senti que está disposto a ficar conosco. Você aprenderá, amanhã o levarei à enfermaria onde estão os que se recuperam. Está preparado?

— É difícil — respondeu Henrique — estar preparado diante da dor do próximo. O que quero é tentar suavizá-la.

— Oh, filho! Que bonita resposta! Seja, de fato, bem-vindo! Vou deixá-lo para que tome banho, coloque seus pertences no lugar. Depois vá ao refeitório para jantar. Siga pelo corredor, abra a porta no fundo e encontrará o refeitório, é lá que fazem as refeições os funcionários e alguns enfermos que estão melhores. Ah! Essa doença não é transmissível, porém sempre temos cuidado e seguimos as normas de higiene.

Maria saiu e fechou a porta. Henrique abriu as duas malas, colocou suas roupas no armário, tomou banho, se barbeou e resolveu ir ao refeitório, queria conhecer o hospital e as pessoas.

Encontrou o refeitório vazio, ele viu na cozinha três mulheres trabalhando, cumprimentou-as sorrindo e se apresentou.

— Sente-se aí — uma mulher mostrou uma mesa —, logo sirvo você.

Henrique aproveitou para observar tudo. Ali de fato estava limpo, mas era muito simples. Não demorou, a senhora sorridente lhe trouxe um prato com sopa e uma cestinha com dois pães.

O enfermeiro picou o pão e colocou no prato da sopa, que estava rala. Pensou que depois chegaria outro alimento.

— Henrique — informou a senhora —, hoje temos somente essa sopa para o jantar. Os funcionários que se alimentam aqui comem o que temos, o que servimos para nossos doentinhos. Se quiser, trago mais sopa.

Ele aceitou. Depois, curioso, levantou-se e se aproximou do balcão que dividia o refeitório da cozinha, que media um metro de altura.

— Aqui tem sempre poucos alimentos ou é a dieta do hospital?

— Os dois — a senhora sorriu novamente.

— Aqui — a funcionária mais jovem parou o que estava fazendo, olhou para o recém-chegado e explicou — é um hospital que está sempre necessitado de tudo, até de alimentos. Dona Maria faz de tudo para que não falte nada, ela consegue. Às vezes não temos o que fazer e aparece uma doação. Hoje somente temos a sopa para o jantar. Conforme as doações, diversificamos as refeições.

— Podemos ter pouco, mas nunca passamos fome — contou a senhora.

— Vocês fazem as refeições aqui? — Henrique quis saber.

— Sim, alguns funcionários almoçam; outros, como nós, jantam — explicou a senhora. — Depende do horário em que estamos trabalhando, e os que moram aqui fazem todas as refeições. Eu trabalho somente na cozinha, as duas também trabalham na limpeza.

— A sopa estava muito gostosa — elogiou Henrique.

— Obrigada — a mulher sorriu.

— Será que posso andar por aí, conhecer o hospital?

— Penso que sim, mas não vá às enfermarias, com certeza dona Maria ou Cristina irão querer mostrá-las a você.

Henrique foi à frente, abriu a porta para ver a rua. Observou bem desta vez, o prédio era cercado com muros altos e havia três portões: dois grandes, largos, para a passagem de carros, caminhões, e um outro para pedestres. Era cimentado, e os portões, de grades abertas. Observou a rua, que era asfaltada, tendo árvores de ambos os lados; na frente, casas residenciais; a rua era tranquila, havia pouco movimento. Contornou e andou para o lado onde deixara o carro, ali havia espaço para muitos veículos, mas, naquele momento, estavam a camionete velha, seu carro, duas motos e algumas bicicletas.

— Oi — Henrique escutou e se assustou. — Não quis assustá-lo. Sou Armando, estou indo embora, vou pegar minha bicicleta. Esse carro é seu?

— Sim, é meu — Henrique sorriu, estendeu a mão, apertou a de Armando e se apresentou: — Sou Henrique!

O enfermeiro, que devia, pelos cálculos do recém-chegado, ter uns quarenta e cinco anos, observou curioso o veículo.

— Usamos este galpão para descargas, veículos entram e saem, às vezes são caminhões; carro mesmo é difícil, somente doutor Danilo, que aqui vem todos os dias pela manhã; quando precisamos de médico especialista, estes também vêm de carro. Será somente você de funcionário a ter um carro. Já vou! Tenho de ir embora! Até logo! Seja bem-vindo!

Henrique agradeceu e foi até o portão do fundo, passou por ele, defrontou-se com uma horta bem cuidada e com um grande galinheiro. Depois que olhou, voltou ao pátio, fez o caminho que fizera antes com Maria, retornou ao refeitório e encontrou pessoas jantando, enfermos que estavam melhores. Cumprimentou-os, se apresentando. Comentou da horta com a cozinheira.

— É ótimo ter aquele espaço — disse ela. — A maioria dos nossos doentinhos vem da zona rural; quando se sentem melhores, se distraem cuidando da horta e das galinhas. Aquele espaço nos fornece verduras, legumes, ovos e até carne. Para os que trabalham nele, é uma terapia. Eles fazem isso de manhãzinha e à tarde, quase noite, porque não podem tomar sol. Mas temos Antônio, um funcionário que cuida daquele espaço. Também temos o nosso artesanato, que voluntárias fazem, ajudam algumas doentinhas a fazer e que é vendido.

Henrique se despediu e resolveu ir à portaria, que ficava em frente ao portão de pedestres; voltou ao pátio, a porta estava fechada, fez o caminho de volta e, do pátio interno, viu uma placa indicando a recepção; a porta não estava trancada, passou e viu a sala de entrada, onde estavam doze cadeiras e um bebedouro; a outra era do consultório médico. Sem mexer em nada, Henrique olhou tudo: ali estavam uma escrivaninha, duas cadeiras, uma de cada lado, e uma estante, com duas portas de vidro. Ele olhou lá dentro, havia papéis de contabilidade e três grandes pastas de papelão: nestas estava escrito, na primeira, "óbitos"; na segunda, "doações"; e, na terceira, "trabalhadores". Observou a escrivaninha, tinha somente duas gavetas e, aberto, em cima, um caderno grande, que era de contabilidade, entrada de dinheiro e despesas, e estas eram muitas.

Ele saiu da sala, fechou a porta e se sentou na cadeira na recepção, tentou adaptar-se ao lugar.

"Tudo simples, limpo e ao mesmo tempo irradia bondade, reflete dores."

A porta se abriu, e uma moça negra entrou, ela mancava, talvez pela poliomielite, tinha a perna esquerda menor, era uma moça muito simpática, que, ao vê-lo, adivinhou quem era.

— Henrique! O que faz aqui sozinho? Sou Cristina, uma enfermeira.

— Vim conhecer a recepção. Prazer em conhecê-la. É a filha de dona Maria?

— Sim, sou. Irei dormir esta noite aqui, mamãe irá para casa. Moro com meus pais, tenho um irmão e uma irmã, que são casados, eles não vêm ao hospital, não se interessam. Venha comigo, irei lhe mostrar o escritório.

Henrique não falou que já tinha ido, levantou-se e acompanhou a moça.

— Aqui — explicou Cristina — recebemos pessoas que vêm trazer seus enfermos ou visitá-los, também recebemos os doentinhos quando estes chegam para responder um questionário e preencher uma ficha, depois os levamos para o consultório ao lado. Doutor Danilo, um velho e bondoso médico que nos ajuda, vem aqui no período da manhã e, quando precisamos, em outros horários; como não cobra, tentamos não abusar. Penso que é mamãe que entende mais dessa doença, basta olhar para a pessoa enferma para saber se ela sofre ou não de pênfigo, mamãe não erra e, pelos anos que trabalha com esses enfermos, sabe bem o que fazer.

— É somente esse doutor Danilo que atende aqui? — Henrique se admirou.

Acostumado a trabalhar em hospital onde vários médicos atendiam, surpreendeu-se ao saber que um somente clinicava ali.

— Doutor Danilo vem mais para fazer receitas, ele é um profissional dedicado, que não recebe um centavo e ainda compra muitas medicações para nossos doentes. Outros médicos também vêm nos ajudar quando solicitados e não cobram. Pela medicação que tomam, muitos sentem os efeitos colaterais, têm dores abdominais; também recebemos um cardiologista e um oftalmologista, são bons profissionais, que dedicam algumas horas para fazer caridade. Recebemos uma contribuição do governo e, com este dinheiro, pagamos os funcionários, dá somente para isso. Não sei se notou, a rua em que estamos acaba após duas casas e, no final, tem uma residência muito bonita, grande, é do senhor Odorico, ele paga para nós todos os encargos trabalhistas; assim, somos todos registrados, por isso mamãe já se aposentou. Aproveito para pedir a você seus documentos para registrá-lo. Um escritório de contabilidade faz a nossa e não cobra.

Henrique acompanhou com atenção as explicações e, quando ela fez uma pausa, perguntou:

— Como faz para comprar remédios e alimentos?

— A maioria, ou quase todos os enfermos, não tem como nos pagar, alguns que podem contribuir o fazem ou a família o faz.

O pouco que recebemos de alguns doentes é usado na compra de remédios. Recebemos dinheiro com a venda dos artesanatos e doações. O pessoal espírita nos ajuda muito e compramos alimentos. Amanhã, com certeza, receberemos doações; todas as quartas-feiras um casal nos manda itens de limpeza, e um sitiante, alimentos. Irei fazer anotações e depois descansar, terei de levantar às três horas para medicar uns doentinhos.

— Vocês aqui dizem muito "doentinhos" — observou Henrique.

— É mais carinhoso, logo entenderá que fazemos parte da vida deles, e eles, da nossa — explicou Cristina.

— Vou também descansar — decidiu o recém-chegado. — Quero iniciar o dia trabalhando. Estou cansado da viagem. Boa noite!

— Descanse bem. Boa noite!

Henrique foi para seu quarto e, logo que fechou a porta, escutou baterem. Ele abriu e uma senhora sorridente o cumprimentou e se apresentou:

— Sou Elisa, sua colega de trabalho e vizinha de quarto.

Ela entrou e Henrique a observou, era uma mulher de quarenta anos, cabelos louros muito curtos e sorriso agradável.

— Vim ver se precisa de alguma coisa e conhecê-lo. Seja bem-vindo! Vim trazer seus jalecos, aqui estão dois. Usamos nas cores verde-claro e bege. Você os usa para trabalhar e, no final de seu turno, coloca num cesto que fica no corredor que vai para as enfermarias. Como Luzia estava aqui hoje, ela bordou seu nome no bolso da frente. Terá, depois, mais três; às vezes nos sujamos e temos de trocá-los. Foi dona Maria quem escolheu o tamanho.

Henrique pegou os jalecos, colocou-os em sua frente. Com certeza iriam servir.

— Obrigado! Foi muito gentil em trazê-los para mim. Não preciso de nada. Ia me deitar, estou cansado da viagem. Trabalha aqui há muito tempo?

— Mais de vinte anos. Acredita? Penso que faço parte da casa...

Tudo Passa

Elisa falou por uns dez minutos de quando começou, o que fazia, do seu quarto. O recém-chegado até se arrependeu de ter perguntado.

— Outro dia conversamos — disse Elisa —, gosto de conversar. Como está cansado, deve mesmo descansar. Se precisar de alguma coisa, é só bater na porta do meu quarto.

— Obrigado, Elisa! Boa noite!

— Boa noite!

Elisa saiu e ele, rápido, fechou a porta, estava de fato com sono e cansado.

Dormiu bem e acordou com barulhos que indicavam que pessoas já começavam a trabalhar. Levantou-se rápido, foi ao refeitório e tomou o desjejum: tinha café, chá, leite, pão e bolo. Após, foi procurar Cristina e a encontrou na primeira enfermaria.

— Entre, Henrique, venha me ajudar aqui, estou dando as medicações; após, irei higienizá-las, aí você irá para a enfermaria masculina; esta é de mulheres, as que estão melhores.

Havia seis leitos e quatro estavam ocupados. Henrique entrou, cumprimentou e se apresentou. Observou-as e pensou: "Se essas estão melhores, não quero nem pensar nas que estão piores".

Ali estavam duas enfermas que pareciam ser idosas, uma mais jovem e a outra, uma menina.

Cristina pediu para ele pegar a água: ela dava o remédio, e ele, a água. Duas enfermas se levantaram e foram se sentar nas cadeiras em frente a uma mesa para tomar o desjejum, uma ficou deitada, e a menina não queria comer porque sua boca estava doendo.

Henrique se aproximou da garota, leu a ficha dela aos pés do leito: tinha doze anos, estava com algumas bolhas nos braços, pescoço e manchas vermelhas no rosto. A garotinha era bonita e estava chorosa.

— Vou colocar alimentos em sua boca — decidiu Henrique.

— Olha o avião...

Ele pegou um pedaço de bolo, molhou no chá e, com a colher, fez como se fosse um avião, fez barulho e o levou à boca dela. A menina sorriu e acabou comendo.

— Você consegue! Comer, basta começar! Precisa ficar forte! — Henrique a encorajou.

Uma outra enfermeira entrou na enfermaria, foi ajudar Cristina a dar banho nas enfermas.

— Henrique, vá à enfermaria masculina ajudar Lúcio a dar banho nos nossos doentinhos.

Ele fez um "tchau" com a mão, olhou para a menina e se despediu:

— Coma, por favor, Janete, para ficar forte e sarar logo.

Ela afirmou com a cabeça e colocou um pedaço de bolo na boca.

Henrique foi à enfermaria masculina, a dos enfermos em estado melhor. Apresentou-se para Lúcio e foi ajudá-lo. Lúcio, com carinho, ajudava-os, no banho, a retirar o pijama, a entrar embaixo do chuveiro, a secá-los e, após passar medicamentos em suas bolhas, vesti-los: uns com roupas comuns, outros com pijamas. Depois, ajudaram duas funcionárias a limpar o quarto e o banheiro.

— Pronto! Esta enfermaria está pronta. Vamos à outra.

— Quantos quartos, como estes, temos no hospital? — Henrique quis saber.

— São muitos; aqui nesta ala temos dois masculinos e dois femininos. A outra, que fica do outro lado, é para os enfermos em estado grave. Amanhã cedo, você vem para esta parte para me ajudar. Nessa enfermaria que vamos agora estão os que chamamos "mais ou menos", não estão muito graves nem na fase de recuperação. Espero que não se assuste ao ver nossos doentinhos no quarto a que iremos.

Os dois entraram na outra enfermaria, ali estavam sete doentes, e um enfermeiro estava sozinho; com a ajuda de Lúcio e de Henrique, que se esforçava para aprender rápido, o trabalho rendeu. O conselho de Lúcio foi útil, Henrique tentou não se impressionar. Naqueles doentes as lesões eram em maior quantidade, principalmente nos braços, e necessitavam ser cuidadosos para não feri-los e as bolhas não romperem.

Henrique, quando acabou, saiu para o corredor, encostou na parede e respirou compassadamente. Tentou se recompor.

— Está sentindo alguma coisa? — Cristina aproximou-se dele e perguntou preocupada.

— Fisicamente não — respondeu ele —, senti muita pena dos doentes. Sou enfermeiro há anos e ainda não me acostumei com dores, senti dó dessas pessoas.

— Sentir piedade e nada fazer é inútil. Agora, se sente piedade e ajuda, é louvável. Venha comigo, vamos almoçar.

Henrique a seguiu, foram ao refeitório e se serviram. Ele não estava com fome e se lembrou de Janete.

— Janete está com dificuldades para se alimentar.

— São pelas lesões na boca — explicou Cristina.

— Ainda bem que está se recuperando — Henrique suspirou.

— Não, infelizmente não está. Janete está conosco há duas semanas e quatro dias. Sua enfermidade está no começo e, pelo quadro apresentado, irá com certeza piorar.

Vendo que Henrique não entendera, Cristina explicou:

— A família de Janete reside num sítio longe daqui, ela tem pai, mãe e quatro irmãos. Começou, como normalmente acontece, com manchas vermelhas doloridas e, quando surgiram as primeiras bolhas, o pai a levou ao médico numa cidadezinha próxima. Com certeza esse médico é uma boa pessoa; pela carta que ele nos escreveu, contou que pesquisara e concluíra que devia ser pênfigo; ele conversou com os pais dela, o prefeito ajudou e a trouxeram para cá.

— Tem muitas crianças com essa doença? — Henrique quis saber.

— Temos mais adultos, mas crianças também adoecem. Naquela enfermaria, além dela, uma mulher, a Manoela, também está na fase inicial. Como ainda não estão em estado grave e para não assustá-las, estão ali.

— Acredita mesmo que Janete irá piorar? — o recém-chegado se penalizou.

— Infelizmente sim, mamãe e o doutor Danilo pensam que sim. Minha mãe entende muito dessa enfermidade e, ao ver as bolhas, sabe se irá ou não se agravar.

— Será que posso ir vê-la, a Janete? — perguntou Henrique.

— Sim, pode.

Almoçaram, depois Henrique voltou à enfermaria, mas primeiro onde estavam os melhores, depois foi à outra. Foi rever Janete à tarde, ela continuava chorosa, com saudades de sua casa e da família, queria a mãe.

— Sei, Janete — Henrique tentou animá-la —, que sua boca dói, mas precisa se alimentar. A doença que tem, o tratamento é demorado, com certeza sentirá saudades, estamos sempre com saudades de alguém, isto é bom, é sinal de que amamos. Tente ficar mais alegre, leia os livros infantis que estão ali, converse, o tempo passa mais rápido quando nos distraímos. Posso contar uma história para você. Quer?

Com a afirmativa dela, Henrique contou, e as mulheres também prestaram atenção. Gostaram.

Henrique pensou que, por ter trabalhado nove horas, terminara seu serviço, ele sempre trabalhara oito horas, mas, ao sair da enfermaria, viu Mariano, o enfermeiro que residia no hospital, atarefado e foi ajudá-lo. Eram dezenove horas e trinta minutos quando foi tomar banho e jantar.

— Desculpem-me o horário, é que me distraí com o trabalho.

— Sei como é — a cozinheira sorriu. — Mariano ainda não veio jantar nem dona Maria. Esquento a comida para você, hoje temos um jantar melhor, recebemos doações.

De fato o jantar estava bom. Quando acabou, despediu-se e foi para seu quarto, estava cansado.

"Não sei se ficarei aqui, de fato há muito trabalho. Que doença ingrata! Bem... pensando bem, não existe doença 'grata'. Surpreendi-me com aqueles que estão melhores, nem quero imaginar como estão os que estão piores. Mas, já que vim, vou ficar por um tempo, uns três meses."

Adormeceu cedo e acordou cedo também, o refeitório nem estava aberto, foi para as enfermarias, tudo silencioso, os internos estavam dormindo, assustou-se quando viu Maria olhando pelo vidro de uma janela. Ele se aproximou, a cumprimentou e, curioso, olhou também pela janela.

— Madrugou, enfermeiro Henrique? — Maria sorriu.

— Como estava cansado ontem, dormi cedo, acordei e vim para as enfermarias. O que é aquilo? Um caixão de defunto? Uma urna? Alguém morreu?

— Infelizmente ainda perdemos muitos para a morte — Maria suspirou. — Desencarnou, ou seja, faleceu um dos nossos doentinhos. Ele estava conosco há três anos e sete meses.

— Onde ele estava? Em que parte do hospital? — Henrique quis saber.

— Na outra ala, onde ficam os enfermos em estado mais grave e os que estão, como esse que partiu, em fase terminal, em pequenos quartos separados.

— Por quê?

— Normalmente dizemos que foram transferidos para outro hospital, os sedamos e os levamos para estes quartos, onde passam seus últimos momentos no corpo físico que está definhando, estes os sedamos mais. Fazemos isso para que os outros companheiros, que se tornaram amigos, não os vejam morrer e sintam que terão o mesmo fim. Dificilmente os que estão em fase aguda se recuperam.

— Não pode dar mais remédios para dores aos que estão nessa parte da frente?

— Drogas têm efeitos colaterais; damos, sim, mas penso que não o suficiente para sanar todas as dores que sentem, damos mais para aqueles que estão em fase terminal.

— A senhora está triste por esse doente ter falecido? — Henrique, curioso, quis saber.

— Amo todos nossos doentinhos como a mim mesma e faço a eles o que gostaria que alguém fizesse a mim. Sinto a falta física dos que partiram, porém sei que, para onde irão, ficarão sadios, porque era somente o corpo físico que estava doente. Dedico-me muito aos doentes mais graves, ajudo-os a entender a situação difícil pela qual passam, peço-lhes para serem resignados, os preparo para a partida e, se consigo, não fico triste com o óbito deles, desejo de coração que se recuperem no Plano Espiritual e fiquem bem. Nestes anos aqui neste hospital de amor, entendi que somente amamos mesmo quando passamos os momentos difíceis juntos e acompanhamos o sofrimento alheio esforçando-nos para auxiliá-los. Tornamo-nos um só, não sou "eu" nem "ele", somos "nós". Depois, meu caro enfermeiro, somente morre o corpo de carne e ossos, não o ser, o espírito, não a vida, esta existe sempre. Isto me consola. Então morre um ser vivo no corpo físico, para continuar vivendo de outra forma, não morre a vida. Concluindo: morrer, desencarnar, é tão bom como viver encarnado.

— Isso com certeza é para os bons? — Henrique quis entender melhor.

— Sim, com certeza. Um modo tranquilo de deixar a vida física é não fugir do mundo e não se deixar escravizar pelas coisas materiais, usar e não abusar. Ser bom e fazer o bem nos dá a tranquilidade que necessitamos. O refeitório abriu. Vamos tomar café?

Foram caminhando devagar. Henrique quis se inteirar do dia a dia do lugar e indagou:

— Esse senhor que faleceu, ou desencarnou, como você fala, será enterrado aqui nesta cidade? Ele morava aqui?

— Não, ele residia numa localidade longe. Escrevi para a família que ele estava em estado terminal, a família não tem posses financeiras para buscar o corpo e enterrar onde moram, isto é algo que fica caro. Será enterrado aqui mesmo na cidade e sem velório, isto não fará diferença para ele. Porque, assim que seu corpo físico parou suas funções, seu espírito foi levado para um local muito bom. Temos, na cidade, três funerárias que nos ajudam, doando caixões simples, e a prefeitura paga as despesas do enterro.

— Os outros, os doentes que antes estavam no quarto com ele, não perguntam dele, do senhor que faleceu? — Henrique quis saber.

— Eles também não estão bem, e os remédios que tomam os deixam sonolentos. Com certeza eles sabem que o companheiro, normalmente se tornam amigos, fez sua mudança de plano, mas não comentam.

Sentaram-se para tomar café e Henrique perguntou:

— A senhora sabe quem dos enfermos irá morrer ou sarar?

— Não — Maria sorriu. — O que sei é pelos sintomas, por experiência, sei se a doença irá ou não se agravar.

— Janete, a garotinha, está nessa lista, a de se agravar?

— Infelizmente, sim — respondeu Maria.

Tomaram café e Henrique foi trabalhar.

À noite escreveu para as irmãs, contando da viagem e do hospital. Escreveu para cada uma delas algo diferente, porque sabia que as duas comentariam as notícias. E, para uma delas escreveu: "Aqui tem muito trabalho, difícil fazê-lo em oito horas. Embora tenha visto muitas pessoas com dores, aqui é diferente, as dores são mais intensas. Talvez eu volte logo, mas estou tendo um grande aprendizado. As pessoas que trabalham aqui são muito dedicadas".

Os internos do hospital escreviam muitas cartas, o faziam para familiares e amigos. O carteiro que trazia a correspondência levava as cartas, e as que não tinham selo, ele as selava, dizia que era assim que ele ajudava o hospital. Notícias eram de muita importância para todos.

Naquele hospital, os funcionários não conversavam muito entre eles; quando o faziam, era para trocar informações úteis. No começo, Henrique sentiu falta, mas depois se acostumou. Sabia-se pouco da vida particular de colegas, como se eram casados, solteiros e de alguns problemas familiares, isto quando conversavam no pátio ou no refeitório. Embora Henrique conhecesse todos, não fizera ainda nenhum amigo íntimo. Trabalhando nas enfermarias, conversava com os enfermos ou os escutava. Passou a trabalhar muito com Lúcio, que, sempre ao chegar, perguntava como eles estavam, os escutava e dava palpites, tentando consolá-los e animá-los. Ao dar banho e ao fazer curativos, tentava distraí-los e indagava: "E aí? O que o senhor sonhou esta noite? Conte para mim. Demorou para dormir? Está saudoso?". Escutava, e as respostas eram parecidas: sim, eles sempre estavam com saudades, contavam que naquele dia estava acontecendo algo de importante, era aniversário de alguém que eles gostavam, tinham recebido cartas etc. Henrique entendeu que aquele contato carinhoso fazia bem aos doentes.

Ele também percebeu que todos os enfermos tinham os cabelos cortados bem curtos, não passavam a máquina, eram cortados mesmo. Era Elisa quem o fazia, e ela tentava deixar os cabelos do melhor modo possível. Fazia isso principalmente com aqueles que tinham bolhas ou lesões no couro cabeludo. As mulheres também tinham os cabelos curtos pelo mesmo motivo. Elisa caprichava com os cabelos delas; embora bem curtos, ficavam bonitos. Elisa também cortava os de todos os funcionários que pediam, Henrique passou a ter os cabelos cortados por ela e concluiu que eram os melhores cortes que já tivera.

Aprendeu rápido a fazer o seu trabalho: começava cedo, ajudava os doentinhos com o desjejum, a se banhar, dava medicação. Almoçava e voltava para atendê-los; fazia isso nas enfermarias masculinas dos que estavam na recuperação e nas dos doentes não graves. Ia todos os dias ver Janete, dava palpites nas cartas que escrevia, pedia para ela não lamentar para não preocupar seus pais e tentava distraí-la.

Algo que chamou a atenção de Henrique foram as visitas de voluntários. Eles iam duas vezes por semana, à tarde. Eram grupos de pessoas diferentes que tentavam alegrar os enfermos. Eles cantavam, tomavam café da tarde juntos, eles traziam bolos, bolachas e doces, jogavam cartas, traziam revistas, livros e conversavam muito. Como isso fazia bem a eles!

— São pessoas — explicou Cristina a Henrique — que se organizam para vir aqui e dedicar um pouco do seu tempo para alegrar nossos internos, elas trazem alegria, carinho e muito amor. Nossos doentinhos as esperam ansiosos; os que estão se sentindo bem vêm para o pátio ou para o refeitório; os que não conseguem vir, de dois a três voluntários vão às enfermarias vê-los. O grupo de hoje é de espíritas, os que vêm às sextas-feiras são católicos. Eles também nos ajudam nos artesanatos e trazem para o hospital roupas de cama, toalhas de banho e alimentos. São voluntários anjos. Que Deus os ajude para que eles nunca precisem.

Henrique sorriu e acabou por comentar:

— É a primeira vez que escuto isso. Sempre escutei que quando precisassem teriam quem os ajudasse.

— Que é bem certo — esclareceu Cristina. — Porém é melhor desejar que não precise. De fato, quem ajuda já está ajudado e talvez não precise passar por uma necessidade, mas com certeza, se precisar, terá quem o auxilie. Porque recebemos o retorno de nossos atos bons.

Henrique se admirou com aquelas pessoas que faziam aquele trabalho voluntário que tanto fazia bem aos pacientes.

4
Doentinhos

    Henrique dividiu seu trabalho particular em três vezes: após o almoço, nesses dias, reservava um horário para fazer faxina no seu quarto e o fazia em uma hora. No outro dia, ia à lavanderia lavar suas roupas e, no outro dia, passar.

    A lavanderia ficava nos fundos do prédio, do outro lado da horta, e era grande. Num galpão coberto, estavam muitos tanques: cinco grandes, três pequenos e outros dois pequenos e separados, que eram usados para roupas de funcionários que moravam no hospital. Dentro do galpão, havia muitos varais de arame ou de cordas finas, que trançavam o espaço, e alguns varais de chão, que eram usados para as roupas dos empregados. Ali trabalhavam três pessoas, um homem e duas mulheres, e o trabalho era muito. Após o galpão, havia um espaço aberto com muitos varais, que eram os mais usados; somente se usavam os de dentro se estivesse chovendo. Uma senhora explicou ao Henrique:

— Nossos doentinhos não podem receber os raios benéficos do astro-rei, então secamos as roupas no sol, penso que assim são beneficiados. Aqui eles não nos ajudam.

Henrique sabia que os enfermos não podiam ter muito contato com água e produtos de limpeza.

Ele lavava suas roupas, colocava-as no varal de chão e, no outro dia, as passava. Logo na entrada do galpão havia muitas mesas de passar roupas e vários ferros: uns grandes, para lençóis e toalhas, e outros pequenos, para roupas de vestir. Ele passava as suas. Ficou sabendo que as toalhas de mesa, guardanapos, tudo o que se usava no refeitório era lavado e passado pelos funcionários da copa num local separado perto da cozinha.

Três semanas se passaram e Henrique trabalhou direto, sem folga e em média dez horas por dia. Comentou isso com Cristina.

— Nossa! Que falha nossa! Tire folga quando quiser — falou ela.

— É que tem tanto trabalho, e eu...

— Hoje é sábado, tire a tarde, passeie pela cidade e volte à noite. Precisa de dinheiro?

— Não, eu tenho.

Henrique fez isso: se trocou, pegou seu carro e foi ao centro da cidade. Escolheu um restaurante e almoçou, gostou de se alimentar com comidas diferentes e mais temperadas. No hospital, havia sempre alimentos parecidos e que não eram muito temperados. Foi, após, fazer compras, adquiriu produtos de limpeza, de higiene pessoal e comprou três jogos de roupa de cama, três jogos de toalhas de banho, um travesseiro, colcha e cobertor. Depois foi ao cinema, gostou muito do filme; em seguida, foi a uma lanchonete, se deliciou com um sanduíche e levou outro para comer no outro dia cedo. Voltou ao hospital, aquela saída lhe fizera muito bem.

Foi ver Janete logo que foi possível. A garota sorriu ao vê-lo e, após os cumprimentos, comentou:

— Gosto de ser chamada de "doentinha". É carinhoso. Eu "estou" doente, não "sou" doente.

A menina olhou para ele, ambos ficaram calados por instantes, depois ela voltou a falar:

— Estar é uma coisa, ser é outra. Estar é passageiro. Assim, eu, por um período, estou doente. Não quero ser doente! Essa doença não é minha propriedade, eu não a quero. Estou doente porque não tenho opção. Mas eu irei sarar nem que seja no céu.

— Quem falou isso a você? — Henrique quis saber.

— Dona Maria, estou repetindo porque gostei.

Henrique queria ficar conversando mais, porém tinha seus afazeres.

Domingo foi movimentado, o hospital ia receber à tarde duas visitas de pessoas que vinham conhecer o local. Maria explicou:

— Eu os recebo, mostro a casa, eles conversam com alguns doentes, normalmente compram nossos artesanatos, e muitos pagam a mais por eles. Também levam carnês para uma contribuição mensal. Algumas pessoas pagam todas e até pedem mais, outros pagam alguns e param.

— Mamãe — explicou Cristina — fala com tanto amor e entusiasmo da nossa casa que irradia. Hoje também está conosco o Petrás.

— Como? — Henrique quis entender.

— Quando você chegou — Cristina esclareceu —, nosso antigo morador estava doentinho, acamado, depois ele foi para outro hospital e teve de ser operado de apendicite, ficou internado por dezesseis dias e hoje está de volta.

Henrique fez seu trabalho e, à tarde, viu grupos de pessoas visitando o local, Maria os acompanhando e conheceu Petrás. Ele estava na área coberta em que, de um lado, estavam a entrada e o refeitório e, do outro lado, as enfermarias.

Um homem magro, bem moreno, cabelos lisos, compridos, abaixo do ombro, estava sentado numa poltrona olhando tudo.

— Petrás está contente por ter voltado — explicou Cristina a Henrique, porque ela o vira observando-o.

Esse interno tinha muitas deficiências: as pernas e os pés tortos; os braços pequenos; e, abaixo dos cotovelos, bem finos, as mãos tortas; a boca era grande, e ele não conseguia encostar os lábios um no outro, por isso não a fechava e apareciam os poucos dentes; mas os olhos eram expressivos e demonstravam inteligência.

— Hum! Hum! — Petrás falou algo.

Henrique não entendeu; ele apontou com o dedo para ele, e Cristina explicou:

— Venha aqui, Henrique, Petrás quer conhecê-lo. Petrás, esse é o Henrique, ele é novo aqui, é enfermeiro.

Henrique sorriu, Petrás fez uma careta, e Cristina explicou:

— Ele gostou de você, Henrique, pois sorriu. As visitas estão chegando, eles irão querer vê-lo andar. Prepare-se, Petrás!

Ele novamente fez uma careta. Os visitantes chegaram ao pátio conversando com Maria à frente. Petrás levantou-se, olhou para trás e caminhou. Ele andava "de ré", marcava o rumo e ia balançando o corpo. Chegou à parede, virou e voltou novamente de ré. Ida e volta devem ter sido uns dez metros, aí ele se sentou novamente e ficou olhando as pessoas, que estavam, como Henrique, admiradas. Escutaram a explicação de Maria:

— Petrás, o chamamos assim, veio até nós quando era adolescente e ficou conosco. Ele se locomove dessa forma. Tentamos, com fisioterapia e muitas outras coisas, fazer ele andar para frente, mas não conseguimos, então o aceitamos, e ele é feliz conosco.

Ele recebeu agrados, doces e fazia a careta de que estava bem e um barulho estranho com a boca.

— Petrás está agradecendo. Ele sorri — disse Maria.

Maria levou as visitas à sala de artesanatos, e Henrique continuou ali, olhando; Petrás pegou um doce, o fazia com dificuldade, levou à boca e mastigou devagar com ela aberta.

Elisa puxou Henrique para o refeitório e o esclareceu:

— Penso que todos que conhecem Petrás se admiram. Ele não tem pênfigo. Uns vinte anos atrás, ele foi deixado no portão do hospital, calculamos que sua idade deveria ser entre nove e doze anos. Ele estava com alergia de muitas picadas de insetos, pulgas, percevejos e piolhos. Cuidamos dele e ficou conosco por não ter para onde ir. O que soubemos dele foi que o pai e a madrasta, que moravam na periferia, quando o deixaram aqui, foram embora da cidade e ninguém mais soube deles. Petrás foi muito maltratado. Tem seu cantinho, quarto e banheiro ali, veja aquela porta — Elisa a mostrou, a porta estava no pátio. — Agora, que ele não está no seu aposento, a porta está fechada; se está no quarto, a porta tem de ficar aberta; se ela se fecha com ele dentro, o coitado entra em pânico. E quando ele usa o banheiro, a porta tem de ficar encostada. Ele precisa de ajuda somente para tomar banho e colocar roupa.

— O nome dele é Petrás? — Henrique estava curioso.

— Não sabemos o nome dele; quando procuramos saber dele, os vizinhos nos contaram que ele era maltratado e que o chamavam assim. Nosso contador fez documentos para ele, para que recebesse ajuda do governo, e ele recebe; com este dinheiro, compramos coisas para ele. Dona Maria escolheu um nome bonito para ele, de um escritor que ela gosta muito, André Luiz, mas ele somente atende por Petrás.

— Ele não anda mesmo para frente? — Henrique ainda estava admirado.

— Não, de fato estudantes de fisioterapia e professores tentaram ajudá-lo, mas não conseguiram.

— Você entende o que ele fala?

— Mais ou menos — respondeu Elisa. — Cristina e dona Maria o entendem mais. Nós o entendemos mais por intuição: ele faz aquela careta quando está contente e concorda; e a careta com expressão séria é que não quer ou está com dor.

Elisa e Henrique voltaram ao trabalho e, após, ele foi ver Janete, que tinha ido ao pátio e estado com os visitantes; ela estava contente porque ganhara doces e uma pulseira das visitas.

No jantar tudo havia voltado ao normal e Maria estava contente porque vendera muitos artesanatos.

Henrique viu Petrás jantando, ele comia devagar. A cozinheira tinha picado tudo e bem pequeno para ele. Maria sentou-se perto de Henrique e comentou, olhando para Petrás.

— É bom tê-lo conosco novamente, aqui ele se locomove e se sente bem.

— Ele tem poucos dentes — observou Henrique.

— Quando Petrás veio para cá, tinha poucos dentes. Um dentista o atendeu e, depois de vários exames, radiografias, foi constatado que ele tinha somente doze dentes, os outros não haviam sido extraídos, não nasceram mesmo.

— Dona Maria, ele é inteligente? — Henrique quis saber.

— Sim, o corpo é deficiente, o espírito não. Em testes feitos por um grupo de estudiosos, concluíram que ele é inteligente, num corpo deficiente.

— Isso não é pior? — Henrique apiedou-se.

— Penso que sim. Petrás, gostaria de chamá-lo de André Luiz, mas ele não atende por este nome, diz o que não gosta, entende bem o que acontece com ele. Recorda-se dos maus-tratos que sofreu e gosta daqui. Gosta também de orar, faço o Evangelho todas as terças-feiras, às vinte horas e trinta minutos, aproveito para convidá-lo a vir aqui no pátio participar. Ele é inteligente e deve sofrer mais vendo seu corpo físico tão limitado. Comparo-o com um hábil violinista tendo de tocar com um instrumento danificado e desafinado.

— Ele não se incomoda de se mostrar para as visitas? Todos ficam impressionados — indagou o enfermeiro.

— É mais uma prova de que ele é inteligente, porque ele ganha agrados, doces que ele gosta muito. Petrás sabe que comove, que nós no hospital estamos sempre necessitados e quer contribuir.

— É... eu... — Henrique se encabulou para expressar o que sentia, mas acabou por falar — não gosto dele.

— Entendo — Maria sorriu. — Petrás não está assim por acaso, porque Deus errou ao criá-lo ou a natureza se enganou na sua formação ou até porque a concepção não deu certo. Não se acanhe, isso pode ocorrer, você olhar para alguém e não se afinar com ele por serem diferentes. Com certeza Petrás cometeu muitos atos errados, talvez maldades, em suas vidas passadas e está tendo o retorno. Ver e não gostar é uma coisa, desprezá-lo ou querer prejudicá-lo é outra.

— Não! Isso não! — exclamou Henrique interrompendo-a. — Não sou capaz de fazer mal a ninguém. Sei bem diferenciar, pode ficar tranquila.

— Sinto isso.

— A senhora gosta dele?

— Sim, eu o amo — afirmou Maria — e demonstro, estamos tentando fazer ele compreender que existe amor desinteressado e que podemos ser carinhosos, bondosos uns para com os outros.

— Será que ele está aprendendo? — Henrique quis saber.

— Desejo de coração que sim.

— A senhora sabe o que ele fez de tão errado para ter nascido assim?

— Não sei — esclareceu Maria. — Penso que não devo saber. Será que se eu souber não corro risco de pensar que é "bem feito"? Para que saber o que o outro fez de errado? Não bastam os nossos erros?

Henrique concordou com a cabeça. Conversaram enquanto jantavam. Ele decidiu:

— Irei amá-lo!

Maria sorriu.

— Dona Maria, de onde a senhora tira tanta sabedoria e ânimo para fazer o que faz?

— De muitas coisas, mas, se tiver de escolher uma, afirmo que é no Sermão da Montanha.

— As bem-aventuranças?

— Elas fazem parte — respondeu Maria. — Ganhamos algumas Bíblias, você quer uma? Marco para você onde está o Sermão da Montanha, está no Evangelho de Mateus. Você poderá ler e meditar.

— Quero e agradeço.

Após o jantar, Maria buscou uma Bíblia e deu para ele. Henrique teve de voltar às enfermarias e, quando foi para o quarto, estava tão cansado que tomou banho e dormiu.

No outro dia, segunda-feira, assim que foi possível, ele pediu para Luzia, a costureira voluntária que fazia pijamas e muitos consertos, para ela bordar à máquina a letra H nas roupas que havia comprado. Então ele devolveu as roupas que estivera usando para o hospital e passou a usar as que comprara.

Dois dias depois, leu a página marcada da Bíblia, achou bonito e concluiu:

"O Sermão da Montanha é para ser meditado, compreendido e colocado em prática."

Decidiu ler os quatro Evangelhos.

No dia do pagamento, Maria o chamou no escritório para conversar e se desculpou:

— Não temos dinheiro para pagar o que foi combinado. Você merece ganhar muito mais. Não se importa de eu dar esta quantia e, assim que tivermos, pagar o restante? Por favor...

— Tudo bem, não estou tendo gastos mesmo.

Recebeu cartas das irmãs, ficou contente com as notícias; dias depois escreveu para elas. As cartas demoravam.

Sarará, apelido de um funcionário que dirigia a camionete, limpava o pátio e ajudava em todos os setores, foi lhe pedir:

— Henrique, você não nos empresta seu carro? Preciso levar aquela família que ficou hospedada aqui esta noite para a rodoviária, a camionete quebrou, o mecânico virá somente na terça-feira para tentar consertá-la e preciso também buscar o leite que ganhamos. Terei cuidado e não o sujarei. Prometo!

Uma família fora visitar o pai, que estava internado; o enfermo gostou demais de vê-los, foram dois filhos, uma filha com o esposo e um neto adulto. Eles falavam alto, então Elisa chamou a atenção deles e pediu para falarem mais baixo, que ali era um hospital.

Henrique emprestou, e esses empréstimos se tornaram frequentes: era para levar um paciente ao médico, buscar outros, levar alguém à rodoviária, buscar doações etc. Embora para algo maior usassem a camionete.

Quase não escutava mais a Voz, o fazia de vez em quando, e era quando estava perto de algum doentinho: *"Ele está com saudades. Agrade-o."; "Está com dores."* etc.

Uma noite, após ler o Evangelho, chamou pela Voz.

— Voz, estou com saudades de você. Não está mais perto de mim?

— *Estou, sim. É que estamos trabalhando tanto que não estamos tendo tempo de conversar. Está tudo bem. Henrique, quero alertá-lo que Cristina está interessada em você.*

— Xii... Eu não estou interessado nela. O que faço?

— *Evite-a que ela perceberá.*

— Espero que ela não sofra — desejou Henrique.

— *Eu disse "interessada" e não que o ama. Poderia amá-lo se você estivesse interessado nela. Cristina é uma ótima pessoa.*

— Valeu o conselho. Irei evitá-la.

Henrique ficou pensando que os anos se passaram e ele não amara ninguém. Sentia a sensação de que amava e não sabia quem.

— Talvez — resmungou — tenha deixado alguém não sei onde, pode ser no Plano Espiritual, que amei demais ou que amei na outra vida, se isto de fato existir, a reencarnação, e não a esqueci.

Naquela noite pensou muito sobre isso.

"A reencarnação", concluiu, "deve existir de fato; se não, não temos como explicar as enfermidades que vemos aqui. Como Janete: O que fez essa garotinha, nesta vida, para passar por tudo isso? E Petrás, que nasceu com deficiência e sua vida não foi, ou não é, nada fácil. Ele sentiu muitas dores até que descobriram ser apendicite. Por que ele somente consegue andar para trás? Nosso espírito deve mesmo ir e voltar e em corpos físicos diferentes. Ainda bem que não tem inferno eterno e Deus é misericordioso conosco, nos dando oportunidades de sofrer, reparar e até de consertar os estragos que nossos erros provocaram. Misericórdia!"

Adormeceu. No outro dia, ao ver Maria, perguntou a ela:

— Dona Maria, o que é, para a senhora, "misericórdia"? O que Jesus quis que aprendêssemos quando ele ensinou: "bem-aventurados os misericordiosos"?

— Estou indo ao escritório pegar uns papéis para Sarará levar ao contador. Venha comigo, iremos conversando. Registramos você, agora é de fato nosso funcionário. Isso é bom, porque um dia se aposentará.

Henrique a seguiu escutando.

— Misericordiosa é aquela pessoa que tem sentimento de bondade para com aqueles que sofrem. É aquele que compreende as pessoas, quer bem aos fracos, aos ignorantes, tem compaixão para com os doentes, não piedade contemplativa, mas aquele que faz ao outro o que, se precisasse, queria que fizessem a ele, que procura aliviar os sofrimentos de todos sem querer saber os motivos de estarem naquela situação difícil.

Maria fez uma pausa e, vendo Henrique interessado, continuou:

— Quanto mais damos de nós, mais recebemos de Deus. Meu caro enfermeiro, dar é importante, porém é mais ainda sermos bons. Fazer o bem é o que nos ensina o segundo mandamento: "amarás o seu próximo". O cumprimento desse ensinamento é o que nos leva a ser bons. Acredito que ser misericordioso é fazer coisas boas. Muito importante é: aquele que é misericordioso receberá misericórdia. A lei de causa e efeito. Faço e recebo. Aqui estão os papéis, vou levá-los para Sarará. Respondi sua pergunta, caro enfermeiro?

— Sim, senhora, e agradeço a lição. Obrigada!

— De nada!

Maria o empurrou, saíram do escritório, ela foi procurar Sarará, e ele voltou para a enfermaria.

Passou a evitar Cristina, sentiu por isso, gostava dela, de sua conversa, mas não queria que ela, além de interesse, passasse a gostar dele como homem.

Ia jantar, mas, quando viu que Cristina ia, voltou para a enfermaria, foi ver Janete e a encontrou mais animada porque ganhara um vidro de esmalte e uma boneca dos voluntários.

— Passei o esmalte — ela mostrou as mãos —, é vermelho, mas eu gosto da cor rosa e não tenho como tirá-lo. Ganhei também esta boneca, mas já estou grande para brincar de boneca. Quero casar e ter filhos.

— É uma boneca linda — opinou Henrique. — Por que não faz dela uma amiga? Você pode contar coisas para ela.

— Dará certo? — Janete duvidou.

— Claro. Você conta e ela escuta, assim não se sentirá tão sozinha.

— Você pode ter razão — concordou Janete. — Vou chamá-la de Emília, como a boneca de Monteiro Lobato. Talvez eu a escute. Será minha amiga.

Henrique se despediu e foi para o refeitório pensando que talvez Cristina não estaria mais lá, mas estava, a viu na cozinha conversando com as funcionárias; ele pegou seu jantar e se sentou em frente a uma mesa. Cristina aproximou-se, se sentou perto dele, o olhou e perguntou:

— Henrique, você tem alguém: esposa, noiva ou namorada?

— Não. Já tive e não deu certo. Não tenho ninguém; se tivesse, não estaria aqui. Não quero ter.

— Por quê?

— Vim para cá simplesmente porque senti vontade — respondeu ele —, para ter conhecimentos sobre essa doença. Se tivesse alguém, não viria. Gosto de fazer o que quero e, estando com uma pessoa, fica difícil. Nada me prende. Quando quiser, irei embora.

— Agora está aqui e poderá ficar — falou Cristina.

— Cristina, você já sentiu que ama alguém e não sabe quem? Ou que não é capaz de gostar de alguém? Eu sou assim. Sinto que não amarei ninguém porque amo alguém. Confuso assim, não quero me envolver afetivamente.

Abaixou a cabeça e se pôs a comer. Cristina entendeu e, com um simples "tchau", afastou-se. Ele desejou que ela de fato tivesse compreendido.

No sábado seguinte, ele saiu e comprou três vidros de esmalte cor-de-rosa, acetona, algodão e três batons clarinhos para Janete.

Entregou no domingo cedo. Ela gostou demais; além de passar nela, o fazia nas companheiras de quarto e na Emília, sua nova amiga, a boneca.

Manoela era uma enferma, que, internada, ficou na enfermaria onde Janete estava. Ela escutava atenta as conversas dela com Henrique. Opinava, tentava consolar a menina e acabava consolada. Ela também viera de longe, era casada, tinha duas filhas pequenas, de quatro e dois anos, que ficaram com sua mãe, porque o marido, que morava no sítio vizinho, tinha de trabalhar. Ela mostrava as fotos das filhas, que guardava sempre perto dela. As crianças eram lindas. Manoela escrevia muitas cartas para a família e quem respondia era sua irmã, porque, como ela explicara, o marido sabia muito pouco escrever, a mãe e o pai eram analfabetos. Ela aguardava ansiosa pelas notícias. Um dia Cristina levou uma carta com o envelope aberto e explicou:

— Manoela, abri a carta porque sua irmã escreveu para o hospital perguntando se você está precisando de alguma coisa. Que delicadeza! Mas penso que ela esqueceu de colocar a outra página da carta.

Manoela riu, pegou a carta, leu e comentou:

— Minhas filhas perguntam de mim. Olham sempre meu retrato, o beijam e querem saber quando irei voltar.

Cristina depois contou para Henrique:

— A irmã de Manoela de fato escreveu para a direção do hospital, contou que, embora fossem pobres, eles poderiam mandar algum dinheiro para comprar o que Manoela precisasse. A outra página fui eu que tirei, porque a irmã escreveu que o marido dela arrumou outra pessoa e que esta moça está como dona da casa. Escrevi para eles contando que o estado de saúde de Manoela é grave e que era para eles somente lhe darem boas notícias e não comentarem mais sobre o marido dela com outra mulher.

— Manoela irá piorar? — Henrique quis saber.

— Penso que sim, o diagnóstico foi tardio, ela veio para cá em estado grave e ela também tem uma doença renal que está se agravando. O melhor para ela é ter boas notícias.

Um dia Manoela comentou:

— Fogo-selvagem! Explicaram para mim que "selvagem" é porque a maioria dos doentes é da zona rural, do sertão. Mas, para mim, "selvagem" é porque essa doença é violenta e perigosa. O "fogo" está certo, ela queima mesmo. Uma vez queimei o braço na panela quente, doeu muito, fez bolhas, mas sarou. A dor passou. Com essa enfermidade, sentimos queimar como se tivesse sido pelo fogo, só que não passa, não sara.

Todos ficaram calados a ouvindo, concordaram, mas não comentaram.

Cristina estava certa, Manoela piorou, o pênfigo se agravou, como também sua doença renal, e ela desencarnou um ano e oito meses depois que chegara ao hospital. Foi enterrada na cidade. Cristina colocou no seu caixão as fotos das filhas.

Na terça-feira, Henrique tomou banho mais cedo, jantou e foi ao pátio para escutar a leitura do Evangelho. Lá estavam alguns funcionários, alguns doentes, Petrás e outras pessoas. Elisa lhe informou que eram alguns vizinhos e três pessoas que faziam parte de um centro espírita da cidade. Maria iniciou fazendo uma oração, pedindo bênçãos, e convidou todos a prestarem atenção na leitura e na explicação que seria feita naquela noite.

Um homem à frente, de pé, mostrou o livro do qual ia ler um texto, era *O Evangelho segundo o espiritismo*, de Allan Kardec.

— Irei ler o capítulo sétimo: "Bem-aventurados os pobres de espírito".

Henrique ficou atento à leitura e foi então que compreendeu que Jesus não se referiu aos tolos, mas aos humildes, não aos orgulhosos.

Maria dissertou após a leitura.

— Existe, nesse ensinamento, grande profundidade; infelizmente, pessoas pensam que Jesus proclamou que o reino dos céus é para quem tem pouca inteligência; se isso fosse, Jesus, riquíssimo de espírito, inteligentíssimo, estaria fora. O termo certo é "pobre pelo espírito" ou "pobres segundo o espírito". São os despegados de tudo o que é material, de bens terrenos. Podemos ser administradores de bens terrenos, ter posses financeiras, mas não sermos apegados a eles. Pobres pelo espírito são aqueles que, após compreender, possuem, pelo amor, os bens verdadeiros, os espirituais. Ser rico não é errado, e ser pobre não é virtude. Errar ou acertar é saber ser rico ou pobre. Esses desapegados que estão como os pobres de espírito. O que nos faz ser pessoas boas ou más não é o que nos acontece externamente, mas o que somos e o que fazemos, nossas atitudes.

Após, oraram o Pai-Nosso, e uma senhora orou em voz alta, agradecendo e pedindo proteção a todos.

Terminou, demorara quarenta e cinco minutos, as pessoas conversaram e depois foram saindo. Elisa explicou ao Henrique:

— Gosto muito de participar desses encontros, porque sinto minhas energias renovadas.

— Petrás ficou atento. Será que ele entende? — Henrique quis saber.

— Acredito que sim. Uma noite fizeram a leitura de *Amai os inimigos*. Ele chorou muito, deu trabalho para dormir, dona Maria teve de lhe dar sonífero, ele ficou três dias triste, nossa benfeitora não faz mais essa leitura se ele está presente. Petrás gosta de movimento, ele somente vai dormir quando todos o fazem; enquanto tiver alguém pelo pátio, ele fica. São deixadas duas luzes acesas no pátio, ele dorme com a porta aberta, mesmo no inverno rigoroso, fica um abajur aceso no seu quarto, ele tem muito medo do escuro. Petrás ganhou uma lanterna, que fica ao lado de seu leito; se a energia acabar, ele pode acendê-la.

— Você sabe por que ele chorou ao escutar esse ensinamento, *Amai os inimigos*? — Henrique ficou curioso.

— Saber mesmo, penso que não sabemos. Concluímos que Petrás deve ter feito maldades, e quem faz pode ter feito inimigos ou ele ter sido inimigo de alguém.

Henrique foi dormir; no outro dia à tarde, viu um padre no hospital, um senhor simpático, que cumprimentou a todos. Elisa, vendo-o admirado, explicou:

— Padre Marcelo, quando solicitado, vem ao hospital e, todas as vezes que o faz, conversa, dá atenção a Petrás, que gosta do padre. Este sacerdote nos ajuda com doações. Hoje ele veio porque uma doentinha quer se confessar. Ela disse ser católica e que precisa ser perdoada, porque cometeu pecados. Ela deve estar com medo de morrer e não ser perdoada.

— Não é correto ela pedir perdão a Deus? — perguntou Henrique.

— Deus nos perdoa sempre quando nos arrependemos, mas e aqueles que ofendemos? Necessitamos pedir perdão a quem ofendemos, prejudicamos. Somos perdoados, mas os atos continuam nossos e teremos que repará-los. Essa senhora, que o padre veio atender, tem cinquenta e seis anos, veio para cá em estado grave. Sei de seus pecados, é como ela se refere aos seus atos equivocados, porque ela fala muito deles. É o remorso! Ela maltratou muito sua sogra, traiu o marido, fez cinco abortos, e isto a martiriza.

— O padre a perdoará? — indagou Henrique.

— Com certeza, porque ele sempre perdoa quando se está arrependido. Ele a escutará, depois lhe dará a comunhão, e ela se sentirá melhor. Porém o perdão que recebe de Deus, pela afirmação do sacerdote e até o dos ofendidos, não a isentam do retorno.

— Você falou que quem foi prejudicado terá de perdoar. E se ele não o fizer? — Henrique quis saber.

— Bem... — Elisa suspirou. — Quando ela veio para cá, dois desencarnados a perseguiam. Dona Maria conversou com eles. Um era a sogra, que foi mais fácil perdoar e receber ajuda para estar bem, porque quem não perdoa não fica nada bem. O outro desencarnado foi mais difícil, era um dos abortados, ele demorou para entender, perdoar e ir cuidar da vida dele, procurar outra mãe para reencarnar.

O padre e Maria eram amigos e os dois andaram pelo hospital. O sacerdote conversou com alguns outros doentes e funcionários, depois sentou-se ao lado de Petrás e ficou por minutos falando com ele.

Quando o padre foi embora, Maria foi tomar café e Henrique foi também; sentou-se ao lado dela e perguntou:

— A senhora é espírita. Não se importa de receber um padre?

— Claro que não! — Maria sorriu. — Ele é uma visita bem-vinda. Não recebemos também um grupo de voluntários católicos e visitas de presbiterianos? Não é certo interferir na crença de outra pessoa, principalmente se sua crença lhe dá forças para fugir das trevas e consolo no sofrimento. Não tenho aqui, neste hospital que chamamos "de amor", intenção de fazer que minha religião seja a de todos. Recomendo, sim, que continuem religiosos e trilhem o caminho de sua fé. A ninguém, sejam funcionários ou doentes, é perguntado se segue alguma religião. Todos nós estamos no caminho da evolução e temos o direito, pelo livre-arbítrio, de seguir aquele que escolhemos. Ainda é impossível estabelecer uma religião somente, uma crença para todos, porque uns caminham mais rápido e adquirem, pelos seus esforços, mais experiência das leis de Deus.

— Como sabemos se estamos certos? — realmente Henrique quis saber.

— Quando sentimos mais prazer em dar do que receber, quando não nos apegamos às coisas materiais, quando almejamos as espirituais, quando compreendemos que ser bom é ser feliz e que ninguém é bom sem fazer o bem a outros.

Henrique queria conversar mais, mas tinha muitos afazeres, fixou o que escutara em sua mente.

No sábado saiu, foi a uma livraria e comprou livros infantis de Monteiro Lobato para Janete. Planejou entregar o presente no dia seguinte.

No domingo pela manhã, Maria o chamou.

— Henrique, sinto muito, estou lhe devendo parte de seu ordenado do mês passado, já venceu outro mês e tenho somente essa quantia para lhe pagar. Sei que devo, mas não tenho de onde tirar.

— Tudo bem! — concordou o enfermeiro decepcionado.

Ele pegou o dinheiro, guardou no seu quarto e foi para a enfermaria. Sarará foi procurá-lo.

— Henrique, me empresta seu carro? É para levar uma enferma ao hospital, ela está tendo uma hemorragia.

— A chave está no meu quarto, acabo aqui e irei pegá-la.

— Posso pegar para você — ofereceu-se Sarará.

Henrique não queria ninguém no seu quarto.

O enfermeiro que estava com ele interferiu.

— Vá, Henrique, eu dou conta sozinho. Vá e volte!

Ele foi, e Sarará o acompanhou.

— Henrique, por que não deixa a chave do carro no porta-chaves da portaria? Assim, quando eu precisar, a pego mais fácil.

Ele não respondeu, pegou as chaves e deu para Sarará, que foi rápido levar a enferma para o hospital.

Voltou ao trabalho; quando terminou, foi à horta, onde encontrou duas pessoas trabalhando, alguns enfermos se distraíam trabalhando ali, mas nenhum podia tomar sol. A horta estava bonita.

"Vou embora", decidiu. "Não dá para ficar aqui. Muito trabalho e, além de ganhar menos, não recebo o ordenado total; embora não esteja tendo despesas, a não ser nas minhas saídas no sábado, quero receber o que me é justo. Vou me demitir e voltar para meu antigo emprego; se não tiver mais vaga para mim, procuro em outro hospital. Vou agora levar os presentes que comprei para Janete."

Foi ao seu quarto e pegou o pacote. Como previra, a garota ficou muito contente.

— É o melhor presente que ganhei nesta vida! Irei ler e reler esses livros muitas vezes. Com seu presente anterior, tirei o esmalte vermelho e passei outro. Obrigada, Ique! Muito obrigada! Gostei demais! Vou contar a você minha vida. Quer ouvir?

— Sim, quero.

— A casa que moro com meus pais é simples, mas bonita, é pintada de amarelo-claro. Papai é funcionário de uma fazenda, ele trabalha muito; tenho um irmão mais velho, outro mais novo e duas irmãs gêmeas, que são pequenas. Ajudava mamãe, cuidando delas. Ia à escola; na fazenda, perto da estrada, tem uma casa onde funciona a escola, tem duas salas, e duas professoras da cidade vão para dar aulas. Gosto tanto da escola! Que saudades! Uma vez peguei um porquinho para ser o meu animalzinho, ele era lindo, dei o nome para ele de Rabicó, como na história do Sítio do Pica-pau Amarelo, mas o porquinho não era rabicó. Ai... Nossa, é minha vez de tomar banho! Conto a você amanhã. Prometo!

Henrique saiu da enfermaria, foi almoçar e, ao passar pelo pátio, viu Petrás, que fez a careta de sorriso e o sinal de positivo com o dedo. Ele parou para dar atenção a ele, a antipatia que sentira ao vê-lo passara; agora, ao olhá-lo, via nele um ser humano que estava tendo uma vivência complicada.

Pensou em Janete e resolveu esperar para saber o desfecho da história dela com Rabicó para depois informar a Maria que ia embora. Sarará lhe devolveu a chave.

— Não sujamos seu carro. Era urgente. A enferma sangrava pela boca. Ficou internada no outro hospital.

Almoçou, voltou ao trabalho e, assim que foi possível, foi ver Janete. A garota, ao vê-lo, sorriu e mostrou as unhas.

— Veja, meu amigo, que bonito! Olhe meus lábios. Sim, passei o batom e esmaltei as unhas. Amigo, estive pensando, você está aqui porque quer, eu estou aqui sem ter tido escolha, ou seja, não tive querer. Eu não posso ir embora, você pode. Essa é a diferença: eu não faço falta aqui, você faz. Entendeu? Estou aqui porque tenho de ficar e não faço falta, você está aqui porque quer e faz falta.

Calaram-se por segundos.

— Janete, o que aconteceu com Rabicó? — perguntou Henrique.

— Foi para a panela! — a garota suspirou. — Brincava com ele, Rabicó me seguia, eu lhe dava banho, limpava suas sujeiras, pegava-o no colo. Ele cresceu, engordou, não dava mais para eu pegá-lo, mas o animalzinho me seguia; aí um dia, quando voltei da escola, não o encontrei; quando ia procurá-lo, mamãe me contou que ele se tornara nosso alimento. Chorei muito, e papai proibiu a mim e meus irmãos de termos animais de estimação. Demorei para me conformar. Não é triste a história do Rabicó?

Henrique não soube o que responder. Janete o olhou e pediu:

— Não vá embora! Se você for, eu irei sentir sua falta, como senti a de Rabicó. Muitos sentirão!

Henrique saiu da enfermaria e escutou a Voz.

— *Somos, todos nós, livres para fazermos nossas escolhas. Ir ou ficar é agora a sua.*

"Voz, o que me aconselha?", pediu Henrique em pensamento.

— *Não vou aconselhá-lo, é você que tem de decidir.*

Henrique andou pelo corredor, foi e voltou umas cinco vezes, o fato é que não tinha coragem de deixar os doentinhos. Decidiu ficar por mais um tempo. Pegou a chave de seu carro e a colocou no chaveiro da portaria.

Sentiu paz, ficou contente com sua decisão.

5
Tudo passa

    Todos sabiam no hospital que clima bom era aquele que não fazia muito calor nem muito frio. Os doentinhos se queixavam que, com o calor, sentiam mais o ardor, queimavam mais suas bolhas. Porém o problema mesmo era o inverno. Os pacientes que se recuperavam e os que estavam na fase inicial não sentiam tanto, mas os em estado grave, sim, porque os agasalhos que os impediam de sentir frio lhes eram muito incômodos. Se os colocavam e as bolhas estouravam, a malha, o tecido grudava e, para tirar, necessitavam molhar para não tirar a pele junto. Cobertores pesavam, incomodavam, os levando a ter mais dores. Precisando lavar muito as roupas, o hospital estava sempre necessitado de agasalhos. O trabalho dos funcionários aumentava.

    O trabalho de Henrique e o serviço no hospital eram rotineiros, embora sempre tivesse algo novo para ser feito. Henrique se levantava cedo, tomava o desjejum, ia para as enfermarias, almoçava, descansava de trinta a quarenta minutos e voltava às enfermarias; tomava banho, jantava e normalmente estava tão cansado que ia dormir; e, sempre que podia, ia às terças-feiras à noite ao pátio para ouvir o Evangelho.

Os grupos de voluntários continuavam os visitando, como também outros grupos de pessoas, e o hospital funcionava graças a doações, porque recebia pouco do governo. Era raro o doente que podia contribuir com alguma coisa. Ele fez de rotina sair no sábado à tarde: almoçava em restaurantes, ia ao cinema, passeava pela cidade, fazia algumas compras, lanchava e voltava.

Escrevia para as irmãs; o fez uma vez para o irmão, que respondeu perguntando se ele ganhava bem, se guardava dinheiro; demorou para responder que não ganhava muito e que não tinha dinheiro guardado, sentiu que o irmão queria dinheiro, então o irmão não escreveu mais, nem Henrique a ele. De quatro a cinco vezes por ano escrevia para as irmãs, e elas respondiam. Os sobrinhos foram se casando, e ele enviava pelo banco dinheiro de presente.

Seus gastos eram poucos e somente duas vezes, nos anos que estivera ali, recebeu seu salário integral, mas mesmo assim guardava um pouco.

Cristina desinteressou-se dele, arrumou um namorado, mas não deu certo. Os dois tornaram-se amigos novamente, e ela contou que o namoro não deu certo porque ele queria que Cristina assumisse uma casa para morarem juntos e, se ela fizesse isso, não teria mais tanto tempo para o hospital, então ela preferiu continuar cuidando de seus doentinhos.

As datas comemorativas no hospital eram pouco lembradas. Ali havia mães doentes ou os que sentiam falta das mães, como também dos pais. Normalmente nesses dias faziam orações no pátio e, após, nas enfermarias, para aqueles que não conseguiam ir ao pátio. Os voluntários traziam alimentos melhores, diferentes, nos dias de Natal, Ano-Novo e Páscoa, e também presentes.

Quando um enfermo se recuperava, era uma festa: na véspera de ele receber alta e ir embora, ele, com Maria, ia a todas as enfermarias, menos nos quartos separados, para se despedir, falar do alívio de ter se curado, da alegria de ir embora e que, se ele sarara, todos poderiam fazê-lo. Maria fazia questão dessa despedida, porque era um incentivo a todos. À noite, se reuniam no pátio para fazer uma oração de agradecimento: Maria orava, assim como Cristina e, às vezes, Elisa e o recuperado. Era emocionante.

Havia os que se recuperavam e não tinham para onde voltar, acontecia de terem de fato se separado da família ou de não a terem mais. Esses ficavam no hospital trabalhando, fazendo pequenas tarefas. Ali tornara-se o lar deles.

Janete foi piorando, mas continuou na mesma enfermaria das mulheres que se recuperavam, estas já tinham passado pelo estado grave e entendiam a garota.

Já fazia três anos e sete meses que ambos, Henrique e Janete, estavam lá; o inverno foi muito rigoroso e a garotinha sentiu bastante.

— Não quero passar por outro inverno, não doente — Janete estava triste. — Sinto saudades de casa, do papai e muitas da mamãe; eles escrevem, eu o faço sempre, a saudade chega a doer. Aquela enfermeira loura, alta e bonita... ah, ela é tão linda!... me contou algo.

— Conte para mim o que ela lhe falou — pediu Henrique.

— Não sei se posso. Vou perguntar para ela quando vier aqui e, se ela deixar, eu conto.

— Como ela se chama? Você sabe? — perguntou Henrique.

— Linda! Ela é linda como o nome.

Janete já mencionara essa enfermeira algumas vezes, mas não havia no hospital nenhuma como ela descrevera e ninguém que se chamasse Linda. A primeira vez que Henrique escutou, pensou que a menina havia sonhado; depois uma enferma que estava na mesma enfermaria contou para ele, enquanto Janete tomava banho, que, quando a garota conversava sozinha, era com esta enfermeira e que, quando isso ocorria, o quarto ficava cheiroso, com cheiro de rosas.

Henrique perguntou para Maria se era possível um espírito visitar, conversar com alguém que vestia um corpo físico, fez isso para entender melhor o que era a Voz, que, desde que fora para aquele hospital, não escutava como antes.

— A morte do corpo físico — explicou Maria — não nos muda, mudamos quando queremos e nos esforçamos para isso. Assim, pessoas boas, quando mudam do Plano Físico para o Espiritual, continuam fazendo o bem. Aqui recebemos muitas boas visitas de espíritos que nos ajudam.

No outro dia, Janete sorriu ao ver Henrique.

— Linda deixou eu falar a você o nosso segredo, o dela e o meu. Ela contou que vamos e voltamos muitas vezes daqui para lá — mostrou com o dedo para o alto — e de lá para cá. Mas, quando voltamos para cá, nossa alma vem em outro corpo, o de um nenê, para aprender e recomeçar. Esquecemos porque criança esquece mesmo. Muitos anos atrás, estivemos, ela e eu, em outro corpo. O meu era diferente e como ela não voltou de novo, continua com a mesma aparência. Morávamos numa casa enorme, maior que esse hospital, vestíamos roupas diferentes, compridas, éramos freiras. Fomos amigas até que um jovem bonito, que era sacerdote, foi ao convento e eu gostei dele, mas ele gostou de Linda, que não o queria. Fiquei com raiva e joguei água fervendo nela, para que não ficasse mais bonita. Linda sofreu muito e tornou-se feia. Eu fiquei com o padre e afastei mais três rivais, as queimando, principalmente os rostos, para ficarem feias. A maldade não deu certo, acabei atormentada, sozinha e doente. Arrependi-me, pedi perdão, mas os meus atos maldosos ficaram em mim, voltei para cá e fiquei doente. Queimo sem água fervendo, mas queimo.

Janete cansou de falar e adormeceu.

No jantar, Henrique procurou por Maria, não a encontrou e somente conseguiu falar com ela dois dias depois no desjejum.

— Dona Maria, Janete afirma que vê mesmo uma enfermeira que ninguém mais vê. É imaginação dela ou um espírito?

— Como já lhe falei antes, recebemos visitas de bons espíritos que vêm nos ajudar ou a alguém específico. Linda é um deles, vem visitar Janete, como também o frei Artur e outros.

— Janete me contou uma história fantástica!

Henrique, falando rápido, contou o que ouvira.

— É a mesma história que Linda me contou — afirmou Maria. — As duas, Linda e Janete, que na sua encarnação anterior tinha outro nome, se conheceram num convento feminino; Janete era ambiciosa, foi para o convento pensando em ter uma vida de facilidades, Linda foi por vocação. Havia perto um convento masculino e, em ambos os conventos, um grupo se afinava e se encontravam. Janete apaixonou-se por um padre jovem, muito bonito e ambicioso como ela; tornaram-se amantes, mas esse jovem padre se interessou por Linda. Janete, temendo perdê-lo, a queimou para que ficasse feia, o fez com água fervendo. Entrou de madrugada na cela dela, no quarto de Linda, com um balde de água fervendo, jogou nela e fugiu rápido; a jovem acordou assustada, com dores horríveis, gritou desesperada, foi socorrida, mas ficaram os ferimentos. Ninguém ficou sabendo quem fora e não investigaram. Linda sofreu com as queimaduras no rosto, braços e tronco; quando sarou ficaram as cicatrizes. O jovem padre não se interessou mais por Linda. Enquanto Janete — continuou Maria a falar, depois de uma ligeira pausa — continuou sua vida no convento com amantes e regalias, Linda tornou-se enfermeira das freiras idosas, doentes, dos pobres perto do convento, perdoou e concluiu que aquele mal fora para seu bem. Novamente, por ciúmes, Janete queimou mais duas jovens freiras e uma moça que morava perto do convento. Anos se passaram; ela, sozinha, doente, arrependeu-se. Janete desencarnou e as quatro que foram queimadas também. Duas não a perdoaram, a perseguiram, e Janete sofreu muito. Linda ajudou as duas que queriam vingança, as socorreu e também ajudou a Janete, que reencarnou e Linda a tem visitado e auxiliado. Esse espírito não somente perdoou como ama e faz bem a quem lhe fez mal. Nossos atos nos pertencem e recebemos de volta o que fizemos: o bem e, infelizmente, o mal. Janete arrependeu-se, pediu perdão, foi perdoada. Quando isso ocorre, fica ainda a necessidade de reparação. Ela poderia fazer o bem para reparar, mas preferiu a dor. Sente a dor de queimadura sem ter sido queimada por água fervendo, como queimou.

Henrique escutou calado, absorveu e não comentou. Entendeu que essa lei, do fez e recebe, era justa. Seja de atos bons ou maus.

Maria ia levantar, pois acabara seu desjejum, quando Henrique fez mais uma pergunta:

— A senhora acha que Janete irá partir logo para o Plano Espiritual?

— Penso que sim. Ela se acostumou naquela enfermaria e optei por deixá-la lá, com certeza ela sentiria ao ficar longe de pessoas que conhece e não irá para o quarto isolado.

— Ela me disse que não irá passar mais um inverno doente. Sofreu muito neste.

— Talvez seja! — Maria esclareceu. — Para onde ela irá quando partir não tem inverno como sentimos, estará livre da doença e, melhor, sentindo-se quite com os erros do passado: estará sadia e linda. Até logo!

Maria se levantou; como sempre, tinha muito o que fazer. Henrique também foi trabalhar. No intervalo, foi ver sua amiguinha. Encontrou Janete com os olhos fechados e reparou nela. Não crescera mais desde que fora para o hospital; se o fez, foi muito pouco e estava magra, muito magra, os bracinhos finos e cheios de bolhas, feridas, e ela, por mais que a higienizassem, exalava um cheiro desagradável. Cortaram seus cabelos bem curtos para ficar mais fácil medicarem as bolhas na cabeça. Henrique ia sair quando ela abriu os olhos e disse com voz fraca e baixa:

— Ique, passarei... Estou passando...

Henrique, por muitas vezes, falara a ela das duas palavrinhas mágicas: tudo passa. A garota fez uma pausa, suspirou e falou:

— Hoje não estou sentindo tantas saudades. Vivi com meus pais, irmãos e aqueles anos passaram; vim para cá e não os vi mais, amo-os, mas nos separamos. Teve de ser assim. Obrigada, Ique, você sempre me consolou. Espero que você não se esqueça de que tudo passa, menos os sentimentos, se estes forem verdadeiros.

Fechou os olhinhos de novo. Maria havia colocado somente duas mulheres que se recuperavam com ela, as outras doentinhas foram para outra enfermaria.

Dois dias depois, Janete teve seu corpinho físico parando suas funções. Ela desencarnou. Eram quatorze horas, Henrique foi informado e foi vê-la. Maria e Cristina a limparam, colocaram nela um vestido e depois a puseram numa maca, para ser levada para o fundo do hospital, onde seria colocada num caixão e levada ao cemitério.

Henrique ficou no corredor e chorou, sentiu a desencarnação de sua amiguinha, pela vida sofrida dela e por pensar que não ia mais vê-la. Maria aproximou-se dele.

— Se chorar sem revolta, as lágrimas lavam a alma. Aqui neste hospital quase todos os nossos doentinhos desencarnam. Sinto falta deles, mas não sinto suas desencarnações. Janete sofreu muito: dores físicas, falta da família, agora ficará bem. Linda a buscou e ela foi levada para se recuperar, logo estará sadia e feliz, porque, na sua doença, as dores eram físicas e elas a sararam espiritualmente. Por isso, Henrique, se foi para melhor, não chore, devemos querer que estejam bem aqueles que amamos, que estiveram conosco por algum tempo.

— Sei que foi melhor, mas sinto. A senhora entende, mas eu tento entender por que Janete sofreu tanto.

— Quando cometemos erros, imprudentemente não pensamos nas consequências. Nossos atos são nossos, não podemos dá-los a ninguém, e eles são de nossa responsabilidade.

— A família dela foi avisada? — Henrique quis saber.

— Ultimamente Janete estava com dificuldades para escrever e era Cristina quem o fazia para ela, escrevia o que a garota ditava. Escrevemos avisando-os que Janete piorara e, na última carta, Cristina escreveu que ela estava para falecer. A família não veio nenhuma vez visitá-la, moram longe e são pobres. Passaremos um telegrama os avisando.

— Gostaria de comprar um caixão melhor para ela, flores e enterrá-la num túmulo.

— Não me oponho, mas pense, Henrique, será que isso fará diferença para Janete? Seu corpinho físico lhe causou tantas dores, você fez muito por ela, deu-lhe presentes, amizade, carinho e a escutou. A gente deve fazer pelas pessoas quando elas estão caminhando conosco. Pense em Janete feliz, sadia, porque é assim que ela ficará.

— Dona Maria, a senhora cuida mais dos enfermos em estado terminal. Por quê?

— O dia que você quiser, vou levá-lo para ver esses nossos doentinhos. Faço isso porque é um trabalho mais difícil e eu gosto de prepará-los para a mudança que farão e para que aceitem o sofrimento. Também, tento mostrar, pelo exemplo, que existe bondade, caridade que pode ser seguida. Vá agora, caro enfermeiro, descansar um pouquinho.

Henrique foi para seu quarto e chorou, depois reclamou:

— Voz! Voz! Preciso de consolo! Onde está você que não vem me consolar? Não vê que estou sofrendo?

— *Se quer chorar, que chore!* — Henrique escutou a Voz. — *A vida não é feita somente de sorrisos. Por que não absorve o que Maria lhe disse? Foi tão verdadeiro! Janete agora está bem. O período difícil dela passou. Eu estou trabalhando, não vou ficar aqui escutando seu choro.*

Henrique sentiu a Voz sair e chorou porque estava com vontade. O choro lhe fez bem; depois lavou bem o rosto, foi ao refeitório, tomou um café e voltou ao trabalho.

Na terça-feira, foi ouvir o Evangelho.

Foi lido um texto longo de Allan Kardec de *O Evangelho segundo o espiritismo*, do capítulo quinto: "Bem-aventurados os aflitos". Henrique pensou que talvez não tivesse sido por acaso que aquela semana havia tido no hospital três desencarnações.

Maria depois fez uma breve explicação:

— Não tenho muito a comentar. O que foi lido desse belíssimo capítulo é muito consolador! Bem-aventurados os tristes! Muitas vezes ficamos tristes por acontecimentos externos que nos acontecem; outras vezes continuamos tristes, embora o externo esteja alegre. É a nossa atitude interna que é decisiva e ela pode ser negativa ou positiva. Embora aconteçam coisas que nos entristeçam, devemos ter a consciência tranquila. O que de fato nos causa dor é saber que podemos fazer o bem e não fazermos ou ter erros dos quais nos cabem a reparação. Quando suportamos as tristezas e nossos sofrimentos, somos os bem-aventurados, porque recebemos o consolo.

Por dias, Henrique sentiu vontade de entrar na enfermaria feminina para ver sua amiguinha. Sentia falta dela e também, no sábado, de comprar algo para ela, como sempre fazia.

Maria havia convidado Henrique para ir com ela à ala onde estavam os doentes mais graves e aos quartos individuais onde estavam os doentes em fase terminal. Ele foi. Trabalhavam ali Cristina, Elisa, Lúcio e Mariano, e Maria os auxiliava.

Tudo Passa

 Os enfermos em estado grave requeriam mais cuidados, as bolhas estouravam muito, a sepsia não cedia, eles eram medicados com remédios mais fortes para dormir e para tirar as dores. Não levantavam mais, usavam fraldas, a higienização era feita com eles no leito, conversavam pouco, Maria se dirigia a eles com carinho, lhes dando ânimo. Não conseguiam escrever mais, Cristina o fazia para eles, assim como também lia as cartas que recebiam. Cristina escrevia a lápis frases nas correspondências deles, de carinho e agrados; ela anotava porque as relia muitas vezes.

 Os que estavam nos quartos estavam piores, magros, com muitas bolhas, ferimentos, mas todos tentavam sorrir quando viam Maria, e ela se desdobrava em carinho para com eles.

 Naquele dia, Henrique ficou arrasado e triste, porém não se entristeceu mais ao saber que um dos doentinhos desencarnara.

 Dias depois, ao tomar o desjejum, viu Maria e, curioso, Henrique a indagou:

 — Dona Maria, a vejo sempre sorrindo. A senhora é uma pessoa alegre. Como consegue?

 — Penso — elucidou Maria sorrindo — que você acha que, por eu ver tantos sofrimentos, deveria ser triste. Sinto por eles sofrerem e tento, esforço-me mesmo, suavizar as dores deles. Tristeza com tristeza se acumulam; agora, a alegria pode neutralizar a tristeza. Imagine eu triste, inconformada... O que aconteceria?

 — Com certeza aumentaria a tristeza, as dores deles.

 — Seria justo isso?

 — Com certeza não — Henrique encabulou-se.

 — Embora eu sinta as dores deles, estou bem, porque sei que tento suavizá-las. Sinto-me bem interiormente fazendo o que eu faço e estou feliz. Porque, meu caro enfermeiro, a felicidade interna, aquela que você sente dentro de si, é a de fazer o bem, de servir. Compreendi que podemos, todos nós, ser assim, ter paz e tranquilidade, e o mais importante é transmitir, irradiar esses sentimentos. Porque, ao não ter paz, não estar bem consigo, fazemos o inverso, descarregamos nossa infelicidade nos outros. Devemos acabar com nosso conflito para depois tentar acabar com o conflito do próximo. Quando nos toleramos, toleramos os outros; quando estamos insatisfeitos, nada nos é tolerável. Quando nos tornamos receptivos para receber a paz, nossa vida se torna assim, suave, tranquila, tolerante e, se tentamos passar isso para outras pessoas, nos fortalecemos.

Henrique agradeceu a lição e olhou para Maria, que sorriu e se afastou; ele concluiu:

"Realmente, uma pessoa harmonizada irradia energia benéfica. Maria envolve todos com sensação de leveza e luminosidade, por isso ela acalma os enfermos, e eles se sentem melhor com a presença dela, principalmente os que são receptivos."

Uma moça deu entrada no hospital, quem a trouxera não entrou, a deixou na porta com uma pequena mala. Ela entrou chorosa e com medo. Chamava-se Isis, era bonita, embora já estivesse com manchas vermelhas no rosto e bolhas na cabeça e nos braços. Doutor Danilo e Maria a diagnosticaram com pênfigo foliáceo e imediatamente começaram o tratamento. Teve de ser medicada para dormir, porque não conseguia fazê-lo e, por ficar chorando, incomodava suas companheiras de quarto. Isis demorou para falar de si, porque bastava alguém se dirigir a ela, que chorava. Cristina insistiu para que respondesse e fizesse o cadastro dela. Ela respondeu, falando baixinho, que não queria que informassem sua família por ter rompido com eles, que era sozinha.

— Quem a trouxe? — Cristina quis saber. — Você tem como contribuir com o tratamento?

Respondeu somente depois de ter mais uma crise de choro.

— Penso que não tenho como contribuir. Quem sabe? Quem me trouxe aqui foi meu amante, ele é casado e não quer escândalo, porque não irá se separar de sua família, eu sempre soube disso. Eu o amo, ou o amava, já nem sei mais. Nós nos envolvemos. Eu trabalhava na fábrica dele, este homem me conquistou, montou uma casa para mim numa cidade próxima e ia me ver. Não deixou me faltar nada. Por este motivo, de ter me tornado amante de um homem casado, meus pais, envergonhados com minha atitude, não quiseram mais me ver, disseram que não era mais filha deles, meus irmãos concordaram com meus pais. Não os vi mais, isso foi há três anos. Começaram a aparecer manchas doloridas, avermelhadas pelo meu corpo. Pensei ser alergia, comprei remédios, mas fui piorando. Meu amante pesquisou alguns livros, comparou minhas manchas com umas gravuras e disse que eu poderia estar com pênfigo, fogo-selvagem. Ele contou que um empregado do pai dele teve esta doença. Pesquisou e soube desse hospital, ele me trouxe aqui, me deu dinheiro; se aqui constatassem que não era fogo-selvagem, era para eu voltar de ônibus; se fosse diagnosticada com esta terrível doença, era para eu ficar, fazer o tratamento e, quando sarasse, voltar. Implorei para ele não me trazer; embora piorando, tinha a certeza de que era alergia. Mas ele me trouxe.

Chorou mais.

Foi trinta e oito dias depois que Cristina percebeu um volume no abdômen de Isis. Maria foi vê-la e depois doutor Danilo. Isis estava grávida e nem ela sabia. Um médico obstetra foi examiná-la e confirmou a gravidez. Não falaram nada à paciente. Os remédios que ela estava tomando, grávidas não podiam tomar, eram contraindicados. Pararam com a medicação, e Isis não dormia, mas entendeu que não podia ficar chorando para não incomodar as companheiras de quarto.

Um grupo de trabalhadores do hospital se reuniu, Henrique foi chamado a participar da conversa.

— Isis está grávida, não poderia ter tomado a medicação. Quando preencheu a ficha, afirmou não estar grávida — Maria se preocupou.

— Ela não pode ficar sem a medicação — esclareceu doutor Danilo. — Senão, a doença evoluirá rápido e, se deixamos para reiniciar o tratamento depois que a criança nascer, pode ser tarde, e aí Isis não terá nenhuma chance. Pior que ela tomou, antes de vir para cá, remédios contraindicados na gravidez e, com os que ela tomou aqui, é provável que a gravidez não chegue ao final e, se a criança nascer, será provavelmente deficiente. Sou contra o aborto, mas, neste caso, optaremos pela vida da mãe, para ela ter uma chance de se curar. Antes a vida que já está aqui na Terra do que outra que virá, que ainda não tem vínculo com a vida física.

— Kardec nos dá essa orientação — comentou Cristina. — Mas a decisão terá de ser de Isis. Podemos trazê-la aqui, falar dessas possibilidades, e a decisão será dela.

Concordaram, e Cristina foi buscá-la; minutos depois, Cristina retornou à sala trazendo Isis numa cadeira de rodas. Foi Maria quem lhe contou a novidade.

— Isis, você está grávida!

— Que bom! Que maravilhosa notícia! — Isis exclamou interrompendo.

— Existem problemas — disse doutor Danilo, que, após uma ligeira pausa, continuou a explicar —: sua gravidez é de risco. Você tomou medicamentos contraindicados.

Isis pareceu não escutar o médico, seu rosto irradiava alegria, interrompeu-o novamente:

— Quis tanto engravidar! Um filho fará ele, o meu amante, tomar uma decisão; irá com certeza se separar da mulher e ficará comigo. Ele tem três filhos, mas este será especial. Vou contar a ele, irei para casa e...

— Isis! — Doutor Danilo foi enérgico. — Preste atenção! Você está doente! Sua enfermidade é séria! Não pode ir para casa. Por favor, escute! Você tomou medicamentos no início da gravidez que não poderia, você quem os marcou na ficha. Aqui tomou também outros que são próprios para a doença que é portadora, mas que não poderia ter tomado estando grávida. Você não nos disse da gravidez, não sabia.

Isis abriu a boca, sua alegria findou. Perguntou, falando baixinho:

— E agora? O que o senhor está querendo dizer?

— Pelo exame que o obstetra fez, o feto está muito fraco, talvez já doente. O fato, minha cara paciente, é: sua gravidez é de alto risco. Tudo indica que o feto é deficiente, isto é: seu filho terá muitos problemas. Para tê-lo, você não poderá tomar mais a medicação indicada para sua doença e, ao não tomá-la mais, a doença evoluirá, a deixando muito enferma. Infelizmente, pênfigo é uma enfermidade grave, que leva a óbito; se tratar, terá chance de se curar.

— Ah, meu Deus! Por que estou doente? O senhor tem mesmo certeza que isto não é alergia?

Isis chorou; quando o fazia, era um choro alto, lágrimas abundantes escorriam pelas faces. Não escutava e impedia de alguém falar. Depois de dois minutos, Cristina a sacudiu.

— Pare, Isis! Pare de chorar! Todos nós temos o que fazer e aqui estamos, tentando ajudá-la! Sim, você tem pênfigo, está de fato doente.

Isis aquietou-se, olhou para todos, e foi Cristina quem explicou:

— Você veio aqui para que nós a tratássemos e o faremos, queremos curá-la. Está enferma! Para sarar, precisa de medicações. Se não tratar, não terá chance de continuar vivendo nesse corpo de carne. Entendeu? — Isis somente balançava a cabeça, afirmando. — Você não sabia da gravidez, estava com tantos problemas que nem desconfiou. Tudo bem, mas você tomou remédios, antes de vir para cá e aqui também o fez, e estas medicações são contraindicadas na gravidez, grávidas não podem tomá-las. Embora o feto esteja muito pequeno, você deve estar grávida de cinco meses. Você é quem deverá decidir: ter ou não esta criança.

Isis olhou para cada um que estava na sala, depois perguntou em voz baixa:

— A criança com certeza será deficiente. É isto o que estão me dizendo?

— Existe essa possibilidade — respondeu doutor Danilo. — Pelo que sabemos, posso lhe dizer que, se a gravidez for até o final e a criança nascer, terá alguma deficiência que não sabemos ao certo qual será.

— Terei de parar com o tratamento e aí poderei morrer. Foi isto que escutei?

— Infelizmente, sim — doutor Danilo queria que ela entendesse. — Não sabemos como serão as reações de nossos enfermos, mas, pela nossa experiência, se você parar com o tratamento, a doença progredirá. Se continuar com o tratamento e com a gravidez, provavelmente a criança irá a óbito ou ficará muito deficiente.

— Estou num mato sem cachorro. — Isis voltou a chorar. Mas parou logo e desabafou: Ele... — Ele não irá querer um filho deficiente. Se eu morrer, quem irá cuidar do meu filho? Ontem, saí escondida do quarto que estou e fui à enfermaria onde estão algumas mulheres em estado grave, vi as bolhas, as feridas e me entristeci, não quero ficar assim, ainda mais sabendo que esta criança será deficiente. O que vocês me sugerem?

— Que aborte! — doutor Danilo foi lacônico.

Isis ia chorar de novo, mas Cristina interferiu:

— A decisão é sua, Isis. Volte para o quarto e pense. Hoje você não tomará a medicação, nem para dormir e lhe peço para não chorar à noite para não incomodar suas companheiras de quarto. Se decidir abortar, será levada a um outro hospital e fará um aborto seguro. Se escolher ter a criança, não lhe daremos a medicação, a não ser que assine um termo de conhecimento: poderá voltar para sua casa ou ficar aqui conosco, a colocaremos num quarto sozinha e cuidaremos de você.

Cristina empurrou a cadeira e as duas saíram da sala. Maria e doutor Danilo foram decidir outros assuntos, Henrique e Elisa voltaram aos seus afazeres.

Por coincidência ou não, naquela terça-feira, no Evangelho, foram lidos textos do capítulo dez, "Bem-aventurados os misericordiosos", de *O Evangelho segundo o espiritismo*, de Allan Kardec: "Não julgueis para não serdes julgados". Um parágrafo chamou a atenção de Henrique.

"A censura de conduta alheia pode ter dois motivos: reprimir o mal ou desacreditar a pessoa cujos atos criticamos. Este último motivo jamais tem escusa, pois decorre da maledicência e da maldade. O primeiro pode ser louvável."

Depois, Maria fez um breve comentário:

— Neste ensinamento, podemos compreender a Lei Divina infalível da causa e efeito; se formos misericordiosos, receberemos misericórdia; se formos bons, receberemos bondade; mas, se fizermos algo errado, receberemos o que fizemos. Se todos compreendessem isso e o praticassem, não haveria mais maldades na Terra, porque, ao fazer mal a outrem, fazemos a nós mesmos, porque teremos o retorno. Se não quisermos receber uma maldade, que não a façamos. Ao fazer um ato cruel, estaremos fazendo a nós mesmos. O retorno pode tardar, mas ele chegará. Quando fazemos algo que causará dor em outra pessoa, o retorno é sofrer, e a dor pode ser igual à que causamos, ou não. Deixemos de ser maus e nos esforcemos para ser bons. Sábio é aquele que deixa de cometer erros e passa a ser misericordioso. Devemos ser bons exemplos onde quer que estejamos, aconselhar sempre que possível, orientar e auxiliar.

Henrique pensou em Isis, que ali não estava sendo julgada, mas sim ajudada.

No outro dia, Isis decidiu pelo aborto, foi levada para o hospital, e doutor Danilo a acompanhou. Dois dias depois, Isis voltou e continuou o tratamento.

Cristina contou a Henrique que doutor Danilo falara que o feto era muito deformado e que provavelmente não sobreviveria depois que nascesse.

Isis não recebia notícias do amante, escreveu para ele no endereço da casa em que morara, para a fábrica e, depois de muitas cartas, recebeu uma que era mais um bilhete, dizendo que não a queria mais, pedindo para deixá-lo em paz, que o esquecesse, que se desfizera da casa e até a ameaçou.

Isis chorou, mas não o fazia mais escandalosamente, prometeu não escrever mais para ele. Ela piorou e deixou que cortassem seus cabelos, porque estes emplastavam com o remédio para as bolhas, feridas na cabeça, e, com os cabelos curtos, era mais fácil cuidar dos ferimentos. "Cabelos crescem", consolavam as mulheres.

Com a piora dela, Cristina escreveu para os pais de Isis contando onde ela estava e seu estado de saúde. Eles foram visitá-la. Foi emocionante, um reencontro comovente, no qual ela pediu perdão, confessou que errara e admitiu que eles estavam certos. Os pais a perdoaram, a abraçaram e disseram que a amavam. Esse encontro fez muito bem a Isis, que passou a ser mais tranquila; ela já estava na ala dos doentes graves, mas ainda não na dos gravíssimos. Os pais dela fizeram um pagamento ao hospital, compraram muitas coisas para ela, foram embora e prometeram voltar. Na semana seguinte foram a irmã, o cunhado e um sobrinho. A família toda foi visitá-la, e os pais voltaram mais vezes. Isis ficou em estado gravíssimo e infelizmente desencarnou. Os pais levaram seu corpo para ser sepultado no túmulo da família.

— O senhor Joaquim voltou!

Henrique escutou de Mariano quando tomava o café da manhã. Vendo-o curioso, ele esclareceu:

— O senhor Joaquim esteve conosco anos atrás, ele se curou, voltou para sua casa e agora retorna doente novamente.

— Pênfigo pode ter recaída? — Henrique se surpreendeu.

— Infelizmente, sim — esclareceu Mariano. — Alguns enfermos são curados, não têm mais nada da doença, vão embora e podem tê-la novamente anos depois. Já tivemos casos assim.

Joaquim ficou na enfermaria dos enfermos que ainda não estavam em estado grave e junto com aqueles que se recuperavam. Henrique o atendia, mas ele estava bem e não precisava ser auxiliado, até ajudava os outros e a Henrique a dar banho nos outros enfermos.

— Estive aqui anos atrás — contou ele —; naquela época estava desesperado porque estava fazendo muita falta, a situação em casa era complicada. Deus me deu uma oportunidade de voltar e acertar. O pênfigo voltou e, assim que as primeiras manchas vermelhas começaram a aparecer, voltei para cá; sei que desta vez irei piorar, mas, enquanto isso não acontece, irei ajudar os outros.

— O senhor parece resignado — observou Henrique.

— Estou, sim, agora não importa se piorar ou passar por dores, já as sinto, estas manchas queimam como fogo. Queria trabalhar na horta, mas somente posso fazê-lo à tardinha, à noite ou antes de o sol nascer.

E Joaquim foi contando sua história de vida ao Henrique, enquanto o enfermeiro fazia seu trabalho na enfermaria que ele estava.

— Minha esposa, com quem tive três filhos, ficou muito doente, sofreu um derrame cerebral, um AVC, e ficou deficiente, andando com dificuldades e sem falar. Eu cuidei dela, mas a traí, minha amante era uma moça bonita e, com ela, tive uma filha. Meu irmão foi para a minha fazenda com a desculpa de me ajudar. Descobri, na mesma semana, que meu irmão e a amante estavam tendo um caso amoroso, que os dois estavam me roubando e que minhas manchas eram algo sério: o fogo-selvagem. Pedi, implorei para meus sogros irem morar na nossa casa para cuidar de minha esposa e dos meus três filhos. Tenho uma fazenda e casa na cidade, meus sogros foram ficar conosco na minha residência na cidade, onde meus filhos estudavam. Vim para cá para me tratar. Dá para entender meu desconforto com a situação naquela época? Aqui aprendi muitas coisas que foram importantes para mim, participava do Evangelho no Lar, li livros elucidativos e me tornei espírita. Roguei a Deus ajuda, que eu pudesse voltar, organizar tudo e que depois poderia ficar doente de novo, que não ia reclamar. Sarei, fiquei somente com as cicatrizes e voltei para casa. Era outra pessoa, mudei para melhor. Agradeci meus sogros, e eles continuaram morando conosco; minha esposa estava do mesmo jeito, doente. Fui à fazenda, conversei com meu irmão, falei aos dois que sabia que eles me roubaram e que não ia denunciá-los nem cobrar, mas que era para eles saírem da fazenda imediatamente. Pedi para ela me deixar com a filha; ela não deixou e foram embora. Trabalhei muito e a fazenda voltou a ser produtiva. Cuidei com carinho da esposa, e tudo voltou ao normal. Dividi meus bens entre os filhos, minha esposa desencarnou, meu filho mais velho foi tomar conta da fazenda. Via, de vez em quando, a filha que tive com minha amante; a parte dela na herança, um advogado me auxiliou, ela não pode vender até completar vinte e cinco anos. Com tudo organizado, vi aparecer novamente as manchas e, como é minha obrigação cuidar deste corpo que Deus me deu para estar no Plano Físico, vim me tratar, mas agora sinto-me bem emocionalmente e agradecido.

Joaquim foi passando pelas fases da doença, piorando, até que desencarnou. Recebia visitas dos filhos e, quando desencarnou, a família levou seu corpo para ser enterrado na cidade em que residira.

Um senhor foi internado, estava revoltado por estar doente e sentia raiva, ódio, de sua esposa. Contou e recontou sua história.

— Namorei e casei com uma moça que meus pais não queriam, mas, apaixonado, não via nada de errado nela. Não tivemos filhos. Fiquei doente, manchas vermelhas apareceram e doíam muito. Fui a médicos e diagnosticaram alergia e outras doenças de pele. Foi a um benzedor, que me aconselhou procurar, em outra cidade, um médico especialista; fui e lá me disseram ser fogo-selvagem, então vim para cá. Neste tempo doente, vim a saber que minha mulher sempre me traiu e que, no momento, estava se encontrando com um jovem. Pensei muito: se matasse os dois, seria preso e não poderia vir me tratar. Resolvi então vir fazer o tratamento e depois matá-los.

Henrique se preocupou e perguntou para Maria que providências ela iria tomar para ajudar aquele enfermo.

— Não tomarei nenhuma— afirmou Maria. — Será a vida, a doença, quem o ajudará. Iremos conversar com ele, levá-lo para escutar o Evangelho, pedirei para os grupos de voluntários conversarem com ele. Pelo que sei, pelo que sinto, ele não irá se curar. Espero que ele mude sua forma de pensar, porque a vingança não é sentimento somente de encarnados, desencarnados podem continuar sentindo e poderá se vingar obsediando.

Um companheiro dele de enfermaria lhe deu o conselho de consultar um advogado e fazer um testamento deixando seus bens para seus dois sobrinhos, de quem ele gostava muito. Ele consultou o advogado, fez uma lista do que ele precisava e então ele escreveu para os sobrinhos pedindo que fossem visitá-lo e lhe trouxessem os documentos que precisava. Os dois moços foram visitá-lo; ele então fez o testamento deixando tudo que tinha para os dois e os fez prometer que expulsariam sua esposa e o amante da casa dele. Testemunharam Maria e Elisa; doutor Danilo e outro médico atestaram que ele estava bem mentalmente. Isso o aquietou, não falou mais em se vingar, matar, sentiu que dera uma lição nos dois ambiciosos. Deu uma razoável quantia de dinheiro para o hospital.

Henrique, querendo saber a opinião de Maria sobre a atitude daquele enfermo, a indagou:

— A senhora acha certo o que ele fez?

— Queria mesmo era fazê-lo entender que a vingança não vale a pena em nenhuma situação. Ao fazer isso, pelo menos ele parou de pensar em matá-los ou de que, quando desencarnasse, iria se vingar. Mas não pense que essa senhora, a esposa dele, ficará sem nada. Nestes anos em que estiveram juntos, adquiriu imóveis no nome dela, tem muitas joias e dinheiro guardado. Segundo um dos sobrinhos, o homem com quem ela está no momento é um malandro, talvez o caso se repita, e ele pegue os bens dela.

Maria tinha razão, com o exemplo, as dores, escutando pessoas e o Evangelho, ele perdoou, tornou-se resignado e, quando desencarnou, fez sua mudança em paz.

Um senhor da cidade, Nelson, pessoa de posses financeiras, adoeceu e por ali se sabia bem diagnosticar o pênfigo; foi ao hospital, ele queria a opinião de doutor Danilo e de Maria, de fato ele estava com fogo-selvagem. O tratamento era o mesmo, ele optou para fazê-lo em sua casa.

— Dona Maria — Henrique quis saber —, será que não teremos um tratamento mais eficaz para essa enfermidade?

— Teremos sim, logo estarão disponíveis remédios mais eficazes, porém terão efeitos colaterais e não poderão fazer uso deles os enfermos que forem alérgicos a essa medicação. Muitos irão sarar, e o fogo-selvagem não assustará mais como faz no momento.

— Logo? Quando? — perguntou Henrique.

— Estão fazendo testes. Será logo. Aí nosso hospital será diferente, ficarão internados somente alguns enfermos e será o lar para os que se curaram, mas não têm para onde ir. Os doentinhos serão poucos. Então não terei mais serventia e poderei partir tranquila.

— Fazer falta? — Henrique riu. — Imagina a senhora não fazer falta!

— Pelo menos não tanto, caro enfermeiro, não tanto. Peço a Deus para me deixar encarnada enquanto eu fizer falta aqui. Com o remédio eficaz, com certeza minha presença física não será tão importante ou essencial.

Esse senhor Nelson estava fazendo o tratamento em sua casa, mas um dia passou mal, ficou no hospital por treze dias e quem cuidou dele foi Henrique. Quando Nelson retornou para seu lar, pediu que Henrique fosse à sua casa cuidar dele e higienizá-lo duas vezes por dia.

— Henrique, por favor, aceite — pediu Maria. — O senhor Nelson o remunerará e ele tem nos ajudado muito.

Henrique então mudou sua rotina: às oito horas ia de bicicleta ao lar do senhor Nelson; se estivesse chovendo, o motorista dele ia buscá-lo. O enfermeiro ajudava o enfermo a se banhar, fazia os curativos, fazia sua barba e o deixava instalado em sua poltrona. Voltava ao hospital e retornava ao lar de Nelson às vinte e uma horas para fazer novamente os curativos e colocá-lo no leito. Com isso, recebeu um ordenado. Essa rotina durou por dois anos e dois meses, e Nelson desencarnou por um enfarto. Este doente gostava de Henrique, lhe era grato, e sua família sabia disto.

Quando Nelson desencarnou, Maria foi conversar com ele.

— Henrique, você está aqui conosco há muitos anos, nove. Eu o agradeço. Deus lhe pague! Mas chegou o tempo de tirar umas férias e visitar sua família.

Ele, naqueles nove anos, tirara somente três dias seguidos de folga e fora pescar; e saía quase todos os sábados à tarde.

— Irei no final do ano — decidiu ele.

— Não, deve ir agora— determinou Maria. — Seu carro, com certeza, não aguenta uma viagem longa.

Henrique riu. De fato seu carro estava velho e muito usado por Sarará, pelo hospital.

— Por isso — Maria falou de seus planos — organizei tudo para você, irá de ônibus, terá de fazer baldeações, mas dará certo: irá daqui para uma capital de um estado, de lá para a capital do seu estado, depois para a cidade que sua família mora ou para uma perto. Visite todos e volte. Recebemos uma boa doação de roupas masculinas de um senhor que engordou e disse que elas não servem mais nele, são muito boas, ganhamos também uma mala. Elisa tem uma boa, bonita, que emprestará para você. Peguei do nosso bazar umas peças bonitas de artesanatos e você as levará de presente para seus familiares. Temos dinheiro e pagarei você.

Henrique escutou e até abriu a boca, Maria decidira tudo.

— A minha opinião não vale? — ele riu.

— Vale, meu amigo! Vale! Você deve ir vê-los, sair um pouco, tirar umas férias. O momento é propício, ganhamos roupas boas, e você poderá levar lindas peças de artesanatos de presente; estamos com menos doentes do que costumamos ter. Esses artesanatos e as roupas do bazar você os comprou com o dinheiro que lhe devemos. Não pense, amigo, vá!

"'Roupas de um homem que engordou'... deve ter morrido! Mas não me importo. Vou aceitar", decidiu ele.

— Tudo bem! Vou avisar minhas irmãs, enviarei um telegrama para elas e outro quando marcar a data.

Começou os preparativos.

6
O passado

A viagem transcorreu tranquila, embora fora cansativa, pelas baldeações, esperas; chegou depois de dois dias. Foi para a casa de uma das irmãs. Foi de muita alegria o encontro dele com as irmãs e sobrinhos. Gostaram dos presentes. Ficaria cinco dias na casa de uma irmã e cinco na da outra. Conheceu os netos das irmãs, saiu, encontrou com amigos. Combinou de ir ao sítio almoçar, o irmão foi buscá-lo de carro e encontrou o lugar diferente, não havia mais nada do que fora quando morou ali. Deu os presentes e, pelas expressões deles, Henrique os sentiu decepcionados. O irmão observou e comentou:

— Camisa de seda, roupas caras... Você está bem, irmão. Por que veio de ônibus?

— São muitas horas de viagem, preferi vir de ônibus.

Escutou a cunhada comentar com a filha:

— Pelas roupas, seu tio Ique deve estar rico e trouxe de presente estes artesanatos sem graça.

Henrique almoçou, deu a desculpa de um compromisso e retornou à cidade.

"Roupas caras!", pensou.

Ele não prestava, há tempos, atenção nesses detalhes.

Ter ficado com as irmãs e sobrinhos foi muito agradável e, na véspera de ir embora, deu algumas de suas roupas para três sobrinhos, eles gostaram muito, e também deu sua mala, levaria pouca roupa na mala de Elisa.

Agradecido pela prazerosa visita, depois de dez dias, Henrique retornou ao hospital. Chegou cansado pelos dois dias de viagem, mas alegre. Descansou um dia e voltou ao trabalho.

Contou de sua viagem para os colegas de trabalho e, dois dias depois, para Maria; enquanto ela separava doações, ele foi ajudá-la.

— Agradeço-a por ter me incentivado a viajar, foi muito bom rever minha família. Algumas roupas que levei dei para alguns sobrinhos; o resto que trouxe, lavei, passei e as coloquei no bazar. Nem sabia que aquelas roupas eram caras.

Maria riu e dobrou as mangas da blusa. Todos ali estavam acostumados a ver Maria de calças compridas largas e blusas de mangas longas. Ao fazer isso, Henrique viu cicatrizes nos braços dela.

— Cicatrizes? De pênfigo? — ele admirou-se.

Ele sabia muito da vida de Maria, mas pelo que escutara de outras pessoas, dos funcionários do hospital.

— Sim, são — respondeu Maria; o olhou e explicou: — Já estive doente.

— Nossa! Essa eu não sabia! Quando? Como? — Henrique se interessou em saber.

— Quer escutar? — Maria sorriu.

— Muito!

— Minha infância — começou Maria a contar — e adolescência não foram nada fáceis, um aprendizado com lições difíceis. Meu pai bebia muito e nos surrava: minha mãe, irmãos e eu. Começamos a trabalhar jovens. Casei-me com dezesseis anos. Embora com muitas dificuldades financeiras, estávamos bem e tive meus três filhos. Então, fiquei doente, senti muitas dores, nossos doentinhos não reclamam em vão, as bolhas doem mesmo. Um médico, já desencarnado, que na época era idoso, doutor Ubirajara, me diagnosticou com fogo-selvagem. Foi nessa época que meu marido saiu de casa, foi embora com outra mulher, então minha mãe, viúva, foi morar comigo. A casa era nossa, uma habitação simples e pequena. Não pude mais trabalhar, as pessoas receavam que a doença fosse contagiosa e algumas até sentiam nojo das feridas. Mamãe recebia a pensão de papai, meu marido nos dava alguma coisa e, nessa época, cheguei até a esmolar para dar o que comer para meus filhos. Como doutor Ubirajara tratava de pênfigo, outros doentes chegaram à cidade e não tinham onde ficar, não nos aceitavam no hospital; lá faziam o primeiro atendimento, mas, como a doença é de anos de internação, não tinham como ficar conosco. Então encontrei uma solução.

Maria fez uma pausa; vendo Henrique interessado, continuou a contar:

— Aqui, naquela época, havia um barracão abandonado. Fui atrás do senhor Odorico, o proprietário, implorei para ele que nos deixasse ficar aqui. Ele deixou e mandou empregados dele limparem o local, consertarem o telhado e tirarem as goteiras, ligou a água e a energia. Grupos espíritas sempre nos ajudaram; deles recebi camas, colchões, alimentos e remédios; então trouxe cinco enfermos para cá. Aprendi a cuidar de mim e deles. Outros enfermos vieram e fomos ampliando, arrumando, organizando, e eu, envolvida em ajudar, sarei; ficaram as cicatrizes como lembranças. Mamãe ficava com meus filhos, passei a ir para casa e ficar aqui também, vieram pessoas para me ajudar. O senhor Odorico viu tudo funcionando, nos deu esse espaço e fizemos então o hospital; arrumamos um contador, que o legalizou. Às vezes me pergunto como conseguimos, com certeza porque foi pela vontade de Deus. Sempre com dificuldades, com a ajuda de minha mãezinha, criei meus filhos, eles estudaram, os dois mais velhos têm uma boa profissão, casaram-se, mamãe desencarnou. Cristina veio ficar comigo no hospital. Meu marido adoeceu, a mulher que morava com ele não o quis mais, o trouxemos para nossa casa, Cristina e eu cuidamos dele. Foi isso o que aconteceu comigo, mas...

— Mas o quê, dona Maria?! Tem mais?! Quero saber! — pediu Henrique.

— Caro enfermeiro, tudo tem razão de ser. Tenho lances do meu passado, de minha outra existência encarnada, desde que eu era pequena. Lembrava que fora sinhá, usava vestidos longos, era mimada e não podia ser contrariada.

Os dois, Henrique e Maria, acabaram de separar as roupas do bazar. Ela sentou-se e o enfermeiro o fez perto. Maria deu um longo suspiro e continuou a narrar:

— Eu, na minha encarnação anterior a essa, fui muito bonita, branca, loura de olhos claros, chamava a atenção, porém, talvez pela minha beleza, meus pretendentes receavam assumir compromisso comigo ou porque já demonstrava ser frívola. Resolvi, já que Deus me fizera linda, tirar proveito e enriquecer. Tornei-me uma meretriz. O que fiz de bom foi que ajudei meus dois irmãos, morava com minha mãe e fiz tudo para ela. De fato fiquei bem financeiramente, comprei uma casa grande, bonita e a mobiliei com muito bom gosto e nunca mais trabalhei. Tomava ervas para não engravidar e coloquei um objeto no meu útero. Estava sempre bonita e apresentável. Com essa forma de viver era invejada e odiada pelas mulheres da cidade, que sabiam que eu recebia seus maridos. Não era convidada para festas, era esnobada e, se alguma delas me encontrasse na rua, recebia ofensas. Até aí, embora agisse levianamente, não me agoniei em recordar, mas, normalmente se tem um "mas", ao ser insultada, desprezada, descontava minhas frustrações em alguém, e estes eram meus escravos. Castigava-os sem motivos e por qualquer coisa, às vezes me arrependia e mandava outro escravo cuidar do castigado. Fiz maldades. Já chorei muito por isso, por essas lembranças, até que senti que as quitei com meu trabalho fazendo o bem. Se causei dores, hoje tento suavizá-las.

Maria fez uma pausa, e Henrique perguntou:

— Recordou-se de como acabou? Como desencarnou?

— Sim, me lembrei. Estava com trinta e oito anos e ainda muito bonita, quando tive uma infecção, que começou no útero, com certeza por eu ter colocado um objeto nele, e esta se espalhou; por três meses agonizei e desencarnei. Fui, por afinidade, para o Umbral e sofri por lá; fui socorrida, estava arrependida e muito sofrida, aprendi e senti muita vontade de estar bem, ficar sem remorso e com a consciência tranquila. Reencarnei. Quando adoeci, tive pênfigo, compreendi que a doença me equilibraria, mas senti vontade de ajudar outros enfermos como eu, e aí tudo começou... Cristina fora, nessa encarnação que contei, minha mãe; ela gostou do conforto que eu dava a ela, me incentivou, não me corrigiu, não defendia os escravos e não foi boa com eles. Concluo, com todas essas lembranças, que Deus é muito bom nos dando oportunidades de reparar, aprender fazendo o bem.

Maria sorriu, Henrique a observou e não conseguiu concluir se aquele sorriso tinha um pouco de tristeza.

— Vou para as enfermarias — avisou ela. — Henrique, você sabe do porquê de estar aqui conosco?

Ele negou balançando a cabeça.

Henrique também voltou ao trabalho; à noite, em seu quarto, chamou pela Voz.

— *O que você quer?* — Henrique escutou.

— Hoje conversei com dona Maria, ela sabe do porquê de ter tido pênfigo, pois se recordou de sua outra existência, de sua encarnação passada. Fiquei curioso. Será que você e eu já estivemos juntos? Faz tempo que você está desencarnado?

— *Sim, faz tempo que estou desencarnado. Na minha última passagem pelo Plano Físico, fui um padre, frei Artur. Desencarnei assassinado!*

— Meu Deus! — exclamou Henrique. — Parece que vejo um homem que era eu, pegando um castiçal pesado de metal e atingindo a cabeça de um padre. Meu Deus!

— *Calma, Henrique! Calma!* — pediu a Voz. — *Foi isso o que ocorreu comigo. Fui atingido com um castiçal na cabeça.*

— Calma? Como posso estar calmo recordando isso? Será que fui um assassino? Por favor, por Deus, me conte tudo.

— *É melhor começar pelo começo* — decidiu a Voz, que agora Henrique sabia ter o nome de Artur. — *Contarei a você da minha vida encarnada. Quis ser padre desde pequeno, meus pais incentivaram e tudo fizeram para eu me tornar um. Quando me ordenei, vim de Portugal para sua colônia, aqui me surpreendi com muitas coisas, principalmente com índios e negros escravos. Foi um período triste que passei no convento; embora eu não tenha maltratado ninguém, concordei, permiti abusos com as negras, com os escravos. Fui para o interior e ali havia índios que eram mortos à toa. Novamente concordei, mas me arrependi, pedi e me deram, para exercer o sacerdócio, uma cidadezinha, onde passei a ser um pastor de almas e aí fiz de fato o que deveria fazer, ajudei os índios, os escravos e me tornei uma boa pessoa. Um dia os moradores da cidade encontraram na estrada três cadáveres e um homem muito ferido. Enterraram os mortos e, o ferido, o levaram para minha casa, que era junto da igreja. Cuidei dele; quando melhorou, contou que viajavam a negócio quando foram assaltados de tocaia por bandidos que roubaram tudo o que eles tinham de valor. Esse homem, quando sentiu estar bem, me matou, roubou tudo de valor que tinha na igreja e fugiu com dois cavalos da paróquia. Assim que meu corpo físico parou suas funções fui socorrido e levado para um Posto de Socorro. Mesmo socorrido, entristecia-me por lembrar que permiti abusos, mas os atos bons que fiz me levaram a entender que deveria aprender e continuar trabalhando para o bem. Aprendi e resolvi ajudar aquela pessoa que me tirara da vida física, matando meu corpo carnal. Encontrei-o sofrendo no Umbral, ajudei-o, socorri e o orientei. Ele reencarnou e continuei tentando orientá-lo. Aprendi muito com este meu trabalho, auxiliando em hospitais e aqui. Como gostei deste trabalho! Gosto muito!*

— Você disse que desencarnou assassinado. Então existiu um assassino. Por que não fala que fui eu? Porque foi, não foi?

— *Já foi muita informação para hoje, vá dormir, prometo ajudá-lo a recordar outro dia. Estamos com um doentinho para desencarnar, devo auxiliá-lo.*

A Voz, frei Artur, saiu do quarto; Henrique pensou que não ia dormir, estava triste, sentiu ser ele um assassino, mas estava cansado, então se acomodou e dormiu. Levantou-se cedo, como de costume, e soube que desencarnara um doentinho.

— Será, Henrique, que você pode me ajudar? — pediu Elisa. — Uma senhora, na enfermaria, das graves, quebrou o braço. Um homem com certeza me auxiliará mais.

Henrique foi; se o estado dessa senhora era crítico, ficara pior depois que quebrou o braço esquerdo. Não poderia engessar por causa das bolhas, e pela sepsia, e ela sentia muitas dores. Henrique a pegou no colo para colocá-la na cadeira de banho, Elisa a higienizou, depois foram medicá-la, passar remédios nas bolhas e feridas. Ambos os enfermeiros faziam tudo com muito cuidado; o braço quebrado, depois de medicado, fora colocado na tipoia; para distraí-la, os dois conversaram com ela, ou melhor, eles a escutavam. Ela contou:

— Fui entender o que ocorria comigo quando comecei a ouvir o Evangelho e li alguns livros que dona Maria me emprestou. Quando ainda não estava doente, cheguei a ir em médicos porque ficava muito nervosa com algumas imagens que vinham à minha mente. Era sempre eu, mas de aspecto diferente, via e sentia ser eu sempre brava, nervosa e maltratava pessoas. Isso me incomodava e me deixava inquieta. Aqui, mais tranquila, essas lembranças passaram a ser mais nítidas. Eu fora uma sinhá, meu marido tinha escravos e gostava das negras. Eu descontava nelas a traição dele, não entendia que elas eram forçadas. Como elas tinham muito medo de queimaduras, eu as queimava com brasas, nas pernas e braços. Fiz maldades; se elas me perdoaram, eu não me perdoei. Depois que compreendi a reencarnação, entendi as minhas lembranças e estou tentando mudar para melhor, estou passando por um período difícil e ainda quebrei o braço, caí da cadeira, um tombo simples. Mas é bem feito! Pelo menos é o que penso. Estou recebendo o retorno dos meus atos maldosos como aprendizado. Nunca mais quero fazer alguém sofrer. Sou solteira e agradeço a Deus por isso, pelo menos não estou deixando ninguém preocupado comigo; meus pais desencarnaram, como aprendi a falar aqui. Às vezes sinto minha mãezinha perto de mim, penso que ela vem me visitar. Espero que eu esteja quitando minhas dívidas e que tenha aprendido mesmo a lição: nunca mais fazer maldade.

A senhora, após o banho, ficava acomodada numa poltrona. Henrique passou a ajudar Elisa a higienizar essa doentinha. Ela falava muito e o assunto era o mesmo, com algumas variantes. Um dia, ao sair da enfermaria, Elisa comentou:

— A escravidão, por séculos no Brasil, deixou muitas desavenças que resultaram em algumas obsessões e também em fatos não resolvidos. Aqueles que cometeram maldades com os escravos terão de repará-las e quase sempre isso ocorre pelo sofrimento.

— Elisa, penso que todos os nossos doentinhos estão recebendo o retorno de atos equivocados — observou Henrique.

— Doenças que causam muitos sofrimentos quase sempre são um aprendizado pela dor, um retorno de ações equivocadas de maldades. Doenças comuns, que não causam muito sofrimento, normalmente são pelo simples fato de se estar encarnado, acontecem pela fragilidade do corpo físico. Com pênfigo, são raros casos de prova. O espírito pede para passar por dores para provar a si mesmo que será resignado e, mesmo doente, fará atos bons. Porém é preferível ele fazer atos bons sem ser doente. Devemos aproveitar as oportunidades e quitar nossos erros fazendo o bem. Poder fazer isso é maravilhoso!

— Elisa, desculpe a minha curiosidade. Você é espírita? Acredita em reencarnação? Sabe o porquê de estar aqui trabalhando muito e não recebendo ordenado?

— Nossa! Quantas perguntas! — Elisa sorriu. — Estamos trabalhando há anos juntos e não sabemos muito um do outro. Sou sozinha, fui deixada num orfanato com dois meses de idade, não fui adotada e cresci lá. Quando, com dezesseis anos, tinha de sair, não sabia para onde ir. Foi então que quatro crianças foram para o orfanato, não para ficar, mas para ter um abrigo por pouco tempo porque os pais estavam doentes, diagnosticados com fogo-selvagem. Eles vieram se tratar aqui. As crianças ficaram somente dois meses, porque o casal, ao vir para cá, não estava com pênfigo, mas, sim, com outra enfermidade: sararam, voltaram, pegaram os filhos e foram para a casa deles. No orfanato, essas crianças quiseram saber o que era aquela doença e eu também me interessei. Escrevi para o hospital contando minha história e que queria aprender a ser enfermeira e cuidar desses doentes. Dona Maria respondeu para mim, me mandou dinheiro para vir. Aqui fui recebida com muito carinho, pela primeira vez tive um quarto e banheiro somente para mim. Aprendi e me tornei enfermeira. Sim, sou espírita, o orfanato em que estive era dirigido por espíritas. Desde pequena falava muito que ia ficar cega, sentia isso, brincava vendando os olhos, pegava uma bengala e andava pelos corredores do orfanato. Tinha absoluta certeza de que ia ficar cega. O tempo foi passando e um dia escutei: "Elisa, você cega não conseguiria fazer o que faz, e o que está fazendo é muito importante para os doentinhos; assim sendo, seus olhos estão bem e ficarão dessa forma". Contei para dona Maria o que ouvi; ela sorriu e me explicou: "Elisa, podemos trocar o retorno de ações indevidas pelo trabalho no bem; com certeza, você trocou". Senti isso realmente. Porém amo esse lugar, aqui é o meu lar, amo o que faço e sou agradecida por estar aqui sendo útil. Sinto-me feliz.

— Você sabe, Elisa, do porquê de sentir que ia ficar cega? — Henrique estava curioso.

— Não sei e penso que o melhor é não saber, mas sei que todos nós temos, no íntimo, o que nos afligiu, o que fizemos para ter sentido remorso. Nossos atos são nossos e estão em nós. Eu não tenho interesse em saber, não poderei mudar o que passou e ainda bem que passou. Quero, meu amigo, fazer o bem no presente para ter um futuro melhor, com mais entendimento e oportunidade e, na minha futura encarnação, poder estudar, ser médica, ter família consanguínea, casar e ter filhos.

Elisa deu um longo suspiro, sorriu e voltou ao trabalho.

Foi dias depois que Henrique conversou com a Voz, que agora sabia ser um desencarnado, espírito, e que, quando encarnado, se chamava frei Artur, que o escutou novamente. Era sexta-feira, terminou seu trabalho, não estava tão cansado, foi para seu quarto e escutou a Voz antes de ele chamá-la.

— *Ique, estou aqui. Você quer saber se me matou, se tirou meu espírito do corpo físico? Sim, foi você.*

— Estou envergonhado. Concluo, porém, que me perdoou. Já lhe pedi perdão?

— *Muitas vezes, e eu de fato o perdoei e agora o amo como o meu próximo mais próximo. Você golpeou minha cabeça com um castiçal pesado, roubou e partiu. Desde que você reencarnou* tenho estado com você e agora faço parte da equipe desencarnada que auxilia este hospital.

— E eu? O que fiz depois que o assassinei?

— *Sei sua história de vida* — frei Artur respondeu —, *de sua encarnação passada, por ter escutado de você quando estava desencarnado. Vou contar a você e pode ser que se lembre ou não. Você me contou que encarnou no seio de uma família de posses financeiras em Portugal, seu pai era uma pessoa importante; você estudou e quis vir para a colônia portuguesa, fixou sua residência na capital do país, morava numa casa grande, boa, trabalhava com importação e exportação. Quando chegou, se impressionou com escravos, você não tinha ainda visto uma pessoa negra, mas não deu importância. Cuidava de sua casa uma mulher branca, empregada, que era sozinha, solteira, que tinha como acomodação um quarto nos fundos de sua moradia. Era ela quem cuidava de tudo, você tinha somente dois escravos para os serviços domésticos. Até então tudo estava bem, você frequentava festas, saraus, mas não namorava e trabalhava.*

— Então a conheci... — Henrique o interrompeu. — Lembro que a conheci e a amei. Foi uma paixão avassaladora. Meu Deus! Maria... de quê mesmo?

— *Maria Izabel* — completou frei Artur.

— Penso que a amei assim que a vi, talvez ainda a ame! — Henrique suspirou.

— *Ique, preste atenção no que vou lhe dizer, você fez muitas coisas indevidas por esse amor, paixão que não controlou. Estou o ajudando a se recordar para não sentir essa paixão novamente, faço isso para que entenda o presente. Vou continuar a contar o que você me contou: você a viu, a seguiu, procurou saber quem era e, horas depois, sabia tudo sobre ela, que era filha única de um viúvo comerciante, que morava com o pai, era de classe média, havia estudado e tinha um namorico não assumido, porque ele estava tentando se estabilizar, ele era um moço* simples, sem posses financeiras. Namoro, naquela época, era para casar. Você começou a cortejá-la, mandou flores, presentes, foi à casa dela, apresentou-se para o genitor dela e pediu para cortejá-la. O pai deixou, porém disse que era a filha quem decidiria. Você passou a ir onde ela costumava frequentar; no começo, ela foi gentil ou, por curiosidade, conversou com você, deu atenção, mas depois resolveu ficar com o namorado. Você apelou para o pai de Maria Izabel, que pediu desculpas, mas disse que estava do lado da filha e concordava com que ela queria. Você não concordou, estudou os hábitos do namorado dela. Você contratou uns bandidos para pegá-lo, raptá-lo e colocá-lo num navio, que ia para Portugal. Isso foi feito. Maria Izabel se desesperou com o sumiço do namorado. Você pagou uma vizinha dele e outra mulher para contarem para ela que o namorado fora para outra cidade longe, com uma mulher. Maria Izabel ficou em dúvida se acreditava ou não. Ela continuou não o querendo. O pai dela, querendo consolar a filha, prometeu investigar e começou a fazer perguntas; você concluiu que, com certeza, ele iria descobrir o que acontecera com o moço, então você mandou matá-lo e fez com que parecesse acidente. Maria Izabel ficou sozinha, desolada com a desencarnação do genitor, você foi solícito, ajudou-a em tudo. Ladrões tentaram entrar na casa dela, então ela aceitou sua ajuda, mudou com sua escrava para sua residência como noiva, iriam se casar logo. Você estava feliz e mais apaixonado ainda. O casamento foi marcado. Um dia, ao chegar em casa...

— Meu Deus! Lembro-me... — Henrique o interrompeu. — Sofri muito, senti tanta dor que foi até física.

— *Você não estava acostumado a perder, recebeu aquele ato como uma afronta à sua dignidade, a noiva fugira, pessoas iriam rir de você, mas o que importava mesmo era que ela fugira, preferira o outro. Ficou uns dias desolado, pensou e resolveu investigar; perguntou, sondou e ninguém informou nada, então contratou pessoas para descobrir e um deles o alertou: "Será que sua empregada e seus escravos não sabem de nada?". Você foi para casa e conversou com a empregada, que contou que não percebera nada e que, naquela manhã, ao acordar, não a viu. Você não acreditou. Conversou com a escrava e foi então que percebeu que ela estava grávida e que logo o nenê nasceria; ela não falou nada, mas o escravo, pai da criança, disse alguma coisa, que vira um homem na casa conversando com Maria Izabel, que eles se abraçaram e saíram, foram embora. Ao ser indagado se a empregada sabia, ele ficou em dúvida e respondeu que ela sabia tudo o que acontecia naquela residência. Esse escravo fazia o serviço fora da casa, limpava o quintal, cortava lenha para o fogão, limpava a frente, serviço pesado; a escrava fazia seu trabalho dentro do imóvel, com certeza ela sabia de mais coisas. Você chamou a empregada e pediu para lhe contar, e sem mentiras, o que sabia da fuga de sua noiva. Ela falou que fez amizade com Maria Izabel e sua ama, que fugira junto, que sua noiva contou que amava o antigo namorado e que não acreditava que ele fora embora com outra mulher. E que vira os três irem embora. Você escutou calado; no outro dia chamou a empregada para ir com você comprar outra escrava. Foram de carruagem, afastaram-se da cidade, e ela desconfiou somente quando parou perto de um local alto, onde no fundo corria um rio; ela implorou, você a pegou pelo braço, disse impropérios e que ia matá-la por ela ter ajudado na fuga da noiva. Jogou-a lá de cima. Viu o corpo bater nas pedras e sumir nas águas. Voltou para casa. Falou para os que perguntaram da empregada que ela fora embora para outra cidade. Para os escravos, disse que ela havia comprado uma passagem de navio para Portugal e que ela fora embora. Os dois escravos desconfiaram, mas nada falaram. Como ela fora embora e não levara suas roupas? Ou será que a empregada, com medo, fugiu junto com Maria Izabel?*

— Descontei minha ira nos escravos. Que pena! Meu Deus! — Henrique o interrompeu.

— *Prendeu a escrava grávida num cômodo, a acorrentou e falou que ela ia ficar ali até confessar o que sabia. Ela chorou, implorou e afirmou não saber de nada. Você saiu, foi beber pra tentar esquecer. O escravo foi lhe pedir para soltá-la porque ela estava tendo o nenê. Você falou que ia, mas demorou; ele esperou, mas, quando chegaram, encontraram a escrava e a criança mortas. O escravo chorou muito e você mandou enterrá-las.*

— Isso eu não quis fazer! Lembro-me que pensei: "Já que aconteceu... Eram escravos". Puxa! Como fui capaz?! — Henrique chorou.

— *Quer escutar o resto?*

— Sim, por favor — pediu Henrique.

— *O escravo estava triste e choroso, você o vendeu e comprou outros. Ele foi embora, indiferente. Você não se importava com os escravos, eles tinham que manter a casa limpa e em ordem, comida pronta e, com você em casa, eles não podiam conversar. Então você contratou um capitão do mato, nome dado àqueles que capturavam escravos fujões e que normalmente os encontravam, para descobrir onde Maria Izabel e o namorado estavam.*

— Tive pistas e fui atrás deles — recordou-se Henrique.

— *Sim, você contratou três homens para ir com você para o interior do país. Numa vila, soube que ali estivera um casal de brancos, com um filhinho e uma negra, e que já tinham partido. Você irou-se mais ainda por saber que ela tinha tido um filho; prosseguiram na perseguição, então foram assaltados, seus homens foram mortos, foram roubados, você foi socorrido e cuidei de seus ferimentos.*

— Depois que o matei o que fiz? Não me recordo — lastimou Henrique.

— *Voltou para sua casa, vendeu o que me roubara para ir. Na sua casa se organizou de novo, porém você somente pensava em encontrá-los, matar ele e a criança e trazê-la, desta vez a faria prisioneira. Novamente contratou um capitão do mato, mas, desta vez, não iria junto. Você tinha descuidado dos negócios e gastado muito, fez empréstimos e passou a trabalhar bastante. Era movido a paixão e desejo de se vingar. Uma noite, voltando de um local onde estivera bebendo, foi abordado por alguém, que o chamou. Olhou e reconheceu o seu ex-escravo, aquele que teve a mulher e o filhinho mortos em sua casa. Você levou uns segundos para reconhecê-lo, então ele o esfaqueou no abdômen. Você o escutou: "Vim para matá-lo, gostaria de fazê-lo devagar, aos poucos, como deixou minha amada morrer. Vá sofrer no inferno, que é o seu lugar". Esfaqueou você novamente, desta vez no pescoço, e fugiu. Você, seu espírito, ficou no seu corpo físico até ser enterrado; aí o pai de Maria Izabel e a sua ex-empregada o levaram para o Umbral e o castigaram. Sofreu, arrependeu-se e eu consegui socorrê-lo.*

— O que aconteceu com os envolvidos na minha história de vida? — Henrique quis saber.

— *Maria Izabel e seu companheiro* — frei Artur continuou esclarecendo — *sofreram muito. Ele, por ter sido raptado, foi forçado a trabalhar no navio e resolveu ser um bom empregado; chegando a Portugal, arrumou rápido sua volta como empregado de outro navio. Chegando, a primeira coisa que fez foi procurar sua amada, soube o que acontecera, conversou com a ama escrava dela e planejaram fugir. Ele foi à casa que ela morara, pegou alguns objetos, vendeu e comprou três cavalos; marcaram uma noite para fugir. Essa ama escrava, por intuição, não gostava de você e sentia que era culpado do sumiço do namorado de sua sinhá e da morte do pai dela. Fugiram, mas não foi fácil, pararam em alguns lugares, ela engravidou, teve o filho e continuaram indo para o interior do país. Fixaram residência numa vila, passaram por necessidades, tiveram outros filhos e continuaram se amando. Quando você desencarnou, o grupo que pagara para encontrá-los não havia ainda partido, então eles não foram. O casal desencarnou idoso e pobre. Sua ex-empregada e o pai de Maria Izabel, depois que o fizeram sofrer, seguiram seus caminhos. Sentiram-se vingados. O escravo que o matou, quando foi vendido, pensava somente em se vingar; foi um bom escravo, ganhou a confiança de seu dono e não ficava preso, andava pela cidade, fazia compras para sua dona. Assim, sabia de você; aproveitou uma noite, fez uma tocaia e o matou. Sentiu-se vingado e continuou a viver como escravo, era bem tratado. Mas foi um assassino e não recebeu punição por esse ato. Um dia terá de prestar contas de sua atitude errada.*

— Ô existência triste que tive! — Henrique chorou.

— *Ique* — frei Artur suspirou —, *nesta sua encarnação, a que no momento está vivendo, você resgatou muitos de seus atos maldosos fazendo o bem, enxugou muitas lágrimas! Tem uma profissão abençoada, faz tanto bem! Alegro-me com sua atitude!*

— Fui assassino! Matei por três vezes! Não recebi castigo por isso. Sinto que outras maldades já quitei, mas pelos assassinatos ainda não. Paguei para assassinarem o pai de Maria Izabel; se mandei, matei. Assassinei a empregada e você. Fui culpado de a escrava e o filhinho morrerem.

— *Você foi assassinado. Com seu ato inconsequente fez com que uma pessoa o odiasse, quisesse se vingar. Se não fosse pela sua atitude, o casal de escravos, que servia em sua casa, continuaria ali e ele não teria motivos para odiá-lo, mas, querendo se vingar, ele se tornou um assassino. Você não foi obsediado nesta encarnação; pelas maldades que cometeu anteriormente, poderia ser perseguido por alguns desencarnados que quisessem desforra. Se você fosse obsediado, teria motivos, como quase sempre se tem. Por isso é aconselhado ao obsediado pedir perdão, sair da faixa vibratória do rancor, porque ele anteriormente errou. Às vezes se esquece que foi alguém que fez o obsessor ser rancoroso e vingativo. O primeiro que age com maldade o faz duas vezes e torna-se responsável por fazer alguém agir errado, odiar.*

— Fui responsável por ele ter feito isso. Prejudiquei-o!

— *Infelizmente sim* — frei Artur continuou a elucidá-lo. — *O que deveria ocorrer, a atitude correta, era esse, que foi por essa encarnação escravo, tê-lo perdoado. Mas Deus é bom, misericordioso, e você, com seu exemplo, o ajudou. Podemos ajudar muitas pessoas com bons exemplos, sendo bons. Ao fazermos o bem podemos ensinar quem recebe benefícios a serem gratos, a compreender que o bem existe, que existem pessoas caridosas. Porém pode ocorrer o contrário: com atitudes erradas, levar pessoas a sentirem ódio, se vingarem e errarem. De fato, é triste sermos responsáveis e, pelas nossas atitudes equivocadas, levar outros a cometerem erros. Ele matou seu corpo físico, não teria feito isso se não tivesse recebido de você uma maldade. Devemos prestar atenção nesse detalhe para não sermos responsáveis pelas atitudes maldosas de outros. Esse espírito que o assassinou, depois de sofrer no Umbral, quis encontrá-lo para pedir perdão. Encontrou-o aqui servindo, convidei-o a ficar conosco e ele ficou por três anos, aprendeu a ajudar e você foi o exemplo dele.*

— Tive essa benção! — Henrique suspirou.

— *Sim, teve e não fez isso somente com ele, mas com muitos outros, doentes, que aqui chegaram com obsessores. Maria tem razão quando afirma que tenta ensinar os doentinhos com exemplos de bondade. De fato ensina, e felizes os que aprendem. Agora, Ique, descanse!*

— Estou muito triste!

— *Tristeza não paga dívidas, o fazemos com o trabalho no bem e para o bem.*

— Tem razão. Obrigado! Mil vezes obrigado!

— *De nada! Quero que lembre, e sempre, que somos amigos e continuaremos a ser, porque gostamos um do outro.*

Henrique enxugou o rosto, sentiu que frei Artur saiu, deitou-se, orou, pensou no que recordara, escutara, e concluiu:

"O passado se foi, ficou para trás, mas o presente está aí. Estranho, sinto que ainda amo Maria Izabel. Onde estará ela? Será que esse espírito sente mágoa de mim? Prejudiquei-a tanto. Como é perigoso amar sem controle! Amar? O que senti foi uma paixão e por esse sentimento cometi erros, maldades, mas ela não foi culpada. A culpa foi somente minha. Preciso dormir, descansar, amanhã tenho muito o que fazer."

Adormeceu.

7
O crime

Deu entrada no hospital uma senhora em estado grave; quase sempre quando isso ocorria era pelo diagnóstico tardio ou por ter o doente demorado para procurar o tratamento. Pela opinião de Maria e do doutor Danilo, a doença iria evoluir, com certeza não teria a enferma chance de se curar. Ela fora trazida pela filha e o genro, o casal tinha um filhinho de nove meses. A filha, amorosa, não queria ir embora, então Maria deixou que o casal ficasse numa casinha perto da horta, arrumou o local, e eles trabalhariam no hospital em troca de moradia e alimentos. O moço foi trabalhar na horta e a moça ajudaria na lavanderia.

Era costume de Henrique, ele fazia sempre que possível, ir à horta se sentar num banco e lá ficar alguns minutos se refazendo com as energias das plantas e ao ar livre. Henrique aproveitou uns minutos de folga e se sentou no banco, era de tarde e o dia estava bonito, com temperatura agradável. Viu uma moça sair da casinha e ir a um canteiro conversar com um jovem. Ela estava vestida simplesmente e com uma criancinha no colo. Observou-a e seu coração disparou, sua respiração tornou-se ofegante. Não conseguiu desviar o olhar, a ficou olhando. A moça, muito bonita, sorriu para o moço e conversaram.

— É o casal que dona Maria deixou ficar aqui — informou Sarará.

Henrique se assustou, nem tinha visto que Sarará se sentara no banco.

— Ela se chama Júlia — continuou Sarará esclarecendo. — Ele é o Sérgio, e o filhinho, Rodrigo. Estou esperando para buscar uma doação num bairro distante. Como você, gosto de ficar aqui, é sossegado. Vou ver se já tem o endereço. Tchau!

Henrique continuou olhando o casal e a moça, a Júlia. O rapaz, o Sérgio, deu umas cenouras para ela, que as pegou e entrou na casinha.

"Meu Deus! O que está acontecendo? Por que estou sentindo isto desde que a vi? Quem é de fato essa Júlia?"

Voltou ao trabalho, mas ficou inquieto, a figura da jovem não lhe saía da mente. No outro dia, foi à lavanderia pela manhã, com a desculpa de deixar umas roupas de molho. Júlia estava lá, o filhinho num cercadinho, ela esfregava roupas num dos tanques maiores.

— Bom dia! — Henrique aproximou-se dela.

A moça o olhou, tentou sorrir e respondeu timidamente.

— Bom dia!

— Sou enfermeiro, moro no hospital e lavo minhas roupas. Vim colocar umas de molho. Como está?

— Bem, obrigada.

Ela pegou um cesto de roupas e se afastou rapidamente, foi colocá-las no varal. Henrique voltou para a área dos tanques pequenos, dos funcionários. Sentiu vontade de ficar ali para olhá-la. Uma funcionária antiga aproximou-se e perguntou se ele precisava de alguma coisa. Respondeu que não e saiu, voltou ao trabalho.

Passou a pensar muito nela, a ir mais à lavanderia e em horários que sabia que Júlia estava trabalhando, a ir à horta e tentar vê-la. Percebeu que a moça começou a evitá-lo: se ela o visse chegar à lavanderia, tentava se esconder e, se ela estava na horta, ao vê-lo, entrava em sua casa.

— *Ique* — ele escutou frei Artur, a Voz, como ele ainda o chamava —, *por favor, preste atenção no que está fazendo. Não é correto de sua parte olhar assim para uma moça casada.*

— Júlia foi Maria Izabel?

— *Por que quer saber?* — Frei Artur estava preocupado.

— Porque, ao vê-la, senti que a amo. Não estou fazendo nada, nem irei fazer — Henrique se defendeu.

— *Espero isso de você. Lembro que, no passado, errou muito por essa paixão e que prometeu não prejudicá-la mais.*

— Não estou fazendo nada a ela — Henrique se defendeu.

— *Está! Não percebeu que a está incomodando com seus olhares? Instintivamente, Júlia, que anteriormente fora Maria Izabel, sente medo de você, que é antipático aos dois, ao casal. Por favor, eu lhe peço, aconselho, se contenha.*

— Voz, preste atenção, não pedi para você interferir e nem para estar aqui desencarnado a palpitar sobre a minha vida. Não quero sua opinião. Já disse e repito que não irei prejudicá-la. Mas posso amá-la, não posso? Não quero que responda e nem ouvi-lo mais. Quero ficar sozinho.

Henrique não escutou mais frei Artur, porém ele não saiu, ficou ali no quarto o observando preocupado. O enfermeiro se deitou e se pôs, como ultimamente fazia, a pensar em Júlia.

"Talvez ela se separe de Sérgio e fique comigo. Não posso ficar com ela neste quarto. Não quero que Júlia lave roupas aqui no hospital. Pego o meu dinheiro, o que tenho guardado, alugo uma casa e a mobílio e falarei para dona Maria ou me pagar o que me é justo ou me demito, arrumo outro emprego. Será fácil. Também irei trabalhar somente oito horas. Mas como irei fazer isso? Júlia me evita, mas quando ela entender que eu mudei, que não sou mais o homem do passado, poderá me querer."

Pensava tanto nela que errou duas vezes nas medicações. Ia à horta e ficava em frente à casa dela. A mãe de Júlia piorou, como estava previsto. Uma tarde ele viu a moça indo para a enfermaria para ver a mãe, ele foi também. Quando ela viu Henrique, beijou a mãe e se despediu:

— Mamãe, volto depois!

Henrique se encheu de coragem, a segurou pelo braço e expressou comovido:

— Por que corre de mim, Júlia?

— Senhor, por favor, sou casada, amo meu marido, e o senhor está me incomodando com seus olhares. Solte-me; senão, grito.

Ele a soltou e ficou aborrecido pelo que escutara dela e pela sua atitude. À tarde, Maria o chamou.

— Caro enfermeiro, venha aqui comigo, por favor.

Ele a acompanhou, Maria afastou-se das pessoas, estavam no pátio, aproximou-se de uma janela, apoiou-se no peitoral, o olhou e aconselhou:

— Você está conosco há anos. Amo-o como próximo mais próximo, como um filho. Sei que você teve somente alguns encontros com mulheres e que preferiu não ter compromissos. Agora infelizmente estou tendo de chamar sua atenção, está importunando uma jovem casada. Uma funcionária da lavanderia veio me contar, e soube que tem ido muito à horta. Por favor, Henrique, se contenha!

— É que eu... me sinto atraído por ela... Amo-a. Não sei o que está ocorrendo comigo.

— O passado faz suas cobranças. Infelizmente! Seja o que for, quero, exijo que se comporte!

Maria se afastou, e Henrique, envergonhado e constrangido, ficou ali parado. Naqueles anos que ali estava, era a primeira vez que era chamada a sua atenção, que recebia uma advertência. Sentiu vontade de chorar. Não foi por dois dias à horta e nem à lavanderia. Esforçou-se para isso, sua vontade era revê-la. Soube que a mãe de Júlia fora para o quartinho e, quando isso ocorria, logo ela desencarnaria.

Num impulso, foi à horta, era de tarde, sentou-se no banco e olhou por tudo, Sérgio não estava ali, não viu o casal. Ficou olhando a casa; de repente, viu um vulto de um homem, reconheceu ser um vizinho, o quintal dele fazia divisa com a horta, era o senhor Olavo, que tentou disfarçar e entrou na casa. Apesar de achar muito estranho, Henrique somente ficou atento, observando.

"O que será que o senhor Olavo foi fazer na casa de Júlia? Parece que entrou tentando se esconder, agiu como se quisesse que ninguém o visse."

Agoniado, ficou sentado olhando fixamente para a casa. Passaram-se dez minutos; como o Olavo não saiu e nem ouviu nada, Henrique se levantou e se aproximou da casa, tentou ouvir alguma coisa, mas nada escutou, ninguém conversava. Num impulso, abriu a porta e entrou. Viu Olavo caído no chão, estava de bruços; novamente num impulso, virou o corpo e viu que ele sangrava e que estava com uma faca no peito.

— Socorro! Ajudem! — gritou.

Novamente sem pensar, tentou estancar o sangue que jorrava abundantemente. Com seus gritos, dois trabalhadores da horta, um enfermeiro e Sarará foram correndo e se depararam com a cena: Olavo caído, sangrando, e Henrique apavorado, com as mãos sujas de sangue.

— Ajudem-me a socorrê-lo! — exclamou o enfermeiro.

O enfermeiro que chegara correndo colocou a mão no pescoço de Olavo e constatou que ele falecera. Henrique ficou parado, parecia alheio; na casa, umas pessoas correram, outros chegaram, chamaram a polícia e o prenderam.

— Não sou assassino! Não fui eu!

— Verificaremos isso. Investigaremos. Por enquanto, você é suspeito. Ficará na delegacia.

Deixaram ele lavar as mãos e, com a roupa respingada de sangue, entrou no carro da polícia e foi para a delegacia. Parecia, para Henrique, um pesadelo. Foi colocado numa cela com quatro presos, que, curiosos, queriam saber o que acontecera. Henrique não conseguia falar, não sabia o porquê de estar preso.

Como não falava, os presos desistiram, receberam o jantar e depois foram dormir. Ele se deitou no espaço que lhe indicaram.

"Não matei ninguém, logo será esclarecido e eu irei embora." Conseguiu organizar seus pensamentos.

"Estava sentado no banco. Vi o senhor Olavo entrar na horta, abrir a porta da casinha de Júlia e entrar; como demorou, fui lá. Entrei e o vi caído, virei o corpo, estava com a faca no peito, o ferimento sangrava muito. Tentei estancar o sangue e gritei por socorro. Um enfermeiro constatou que o senhor Olavo estava morto. Sou suspeito e me trouxeram preso."

No outro dia conseguiu conversar com os homens que estavam com ele na cela, contou:

— Entrei na casa, vi um corpo caído de bruços, virei-o por instinto, ele estava com uma faca no peito. Tentei estancar o sangue, sabia que não podia tirar a faca. Gritei por socorro. Foi tudo muito surpreendente, constataram que ele estava morto, era um vizinho do hospital, o senhor Olavo, e me prenderam.

Ali, naquela delegacia, quando Henrique esteve preso, eles recebiam muitas visitas que entravam no recinto, ficavam no corredor em frente às grades, conversavam com os detentos e lhes traziam coisas. Isso ocorria das nove às onze horas da manhã e, à tarde, das quatorze às dezesseis horas.

Logo Henrique ficou sabendo dos comentários sobre ele, as visitas comentaram: que ele importunava a moça que morava na casinha e que o encontraram com o cadáver e sujo de sangue.

Os três que estavam com ele na cela foram presos por roubo. Naquela delegacia, eram separados os criminosos violentos, como assassinos, e os que foram presos por roubos ou agressões sem muitos danos. Henrique ficou na cela dos não violentos.

As horas passaram e Henrique, a maior parte do tempo, parecia alheio e não conseguia raciocinar. Fazia as coisas como no automático: tomava banho de água fria, algo que não gostava; alimentava-se; deitava, tentava dormir e, quando acordava, tinha de se esforçar para lembrar onde estava e aí sentia vontade de chorar.

Depois de três dias, recebeu as visitas de Maria e Cristina.

Quando elas entraram no corredor, alguém exclamou alto:

— É a dona Maria do hospital!

Ouviram-se cumprimentos; Maria, antes de se aproximar da cela onde o enfermeiro estava, cumprimentou a todos, sorriu e informou por que fora:

— Vim visitar Henrique, empregado de anos do hospital, que aqui está indevidamente e espero que seja o fato esclarecido e ele saia logo.

— Oi, amigo! — cumprimentou Cristina.

— Caro enfermeiro! — Maria se emocionou.

As duas se aproximaram da grade, Henrique se esforçou para não chorar.

— Dona Maria, eu não matei o senhor Olavo! — esforçou-se e conseguiu dizer.

— Sua situação está complicada — informou Cristina. — Vou contar o que apuramos e infelizmente é o que a polícia também fez. Os investigadores perguntaram e ninguém mentiu. Pelo que souberam, o senhor Olavo também se interessou pela Júlia e a estava assediando. Eles também souberam que você a olhava muito e que ela fugia de vocês dois.

— Onde estão Júlia e Sérgio? — perguntou Henrique.

— Sumiram — Cristina respondeu e explicou: — Após o almoço, Júlia foi ao quarto da mãe e saiu chorando. Ela teria de voltar às dezesseis horas para a lavanderia e não voltou. Sérgio ficou na horta até as quinze horas e trinta minutos; depois, ninguém o viu mais. Eles tinham um carro velho, que ficava no pátio. Sérgio o tirou pela manhã do pátio da garagem, falou para Sarará que ia levá-lo à oficina. O fato é que o casal não foi encontrado e nem o carro. Mamãe perguntou para a mãe de Júlia, ela contou que a filha se despedira e que dissera que ia partir, mas não sabia quando ou para onde.

— Dona Maria — Henrique estava comovido —, deve ter sido um dos dois quem matou o senhor Olavo. Talvez tenha sido para se defender; ou foi Júlia ou Sérgio ou os dois juntos. Eu não fui!

— Tudo está complicado! Ninguém sabe do casal, e a polícia tem certeza de que foi você e não se interessou em ir atrás deles — falou Maria.

— Com o suposto criminoso preso, não se interessaram em buscar outros — opinou Cristina. — Eles, Júlia, Sérgio e o filhinho, não falaram a ninguém que iam embora, não se despediram, não agradeceram.

— Foi um dos dois ou ambos! Será que, se eles souberem que eu fui preso, não voltam para me inocentar? — Henrique sentiu uma pontinha de esperança.

— Caro enfermeiro — Maria tentou acalmá-lo —, de fato é estranho eles terem partido como fizeram. Não sabemos para onde foram. Anteriormente, eles eram empregados numa fazenda, a senhora doente morava com eles; para virem para o hospital, eles se demitiram; verificamos, e eles não voltaram para lá. Um vizinho do hospital nos contou que viu o carro de Sérgio na rua da frente. Penso que o casal planejou a partida. Pode ser que tenham sentido medo de você e de Olavo e, como a mãe de Júlia está para desencarnar, resolveram partir e não falaram a ninguém, com receio, penso que era mais de Olavo, de os impedirem. Foram embora e não se despediram, deixaram a impressão de que fugiram. Quanto a eles saberem que você está preso, eu não sei, penso que é difícil, principalmente se foram para longe.

— Talvez — deduziu o preso — eles tenham planejado ir embora, iam contar, mas, como mataram o senhor Olavo, eles saíram rápido, fugiram e pela janela.

As duas levaram coisas para ele, produtos de higiene, um travesseiro, cobertor, roupas e alimentos.

Maria e Cristina se despediram de todos com "até logo" e rogaram bênçãos para todos. Maria exclamou alto:

— Que o Pai Amoroso os abençoe! Que Maria Mãe de Jesus os proteja! Fiquem com Deus!

Quando ela falou, todos se calaram e responderam às saudações. As duas foram embora. A vontade de Henrique era segurá-las perto dele, porém sentiu-se mais calmo com a visita das amigas.

Os presos da cela e até das outras conversavam, contavam casos ocorridos com eles, falavam de seus processos e do que os levara a ser presos.

Henrique escutava, apático.

— Companheiro — alertou um dos presos —, não adianta ficar assim; se de fato é inocente, acabarão descobrindo o culpado. Aconselho-o: cuidado aqui ao falar que é inocente, isto todos falam. Pelo que soubemos, esse Olavo, o que foi morto, é uma pessoa importante e, a pessoas importantes, a polícia dá mais atenção. Pelo que escutei, tem mulher na história. A maioria de nós tem. Eu estou aqui porque peguei minha mulher, não somos casados, mas morávamos juntos, flagrei-a com o amante, bati nela e quebrei a perna dele. Com certeza sairei logo daqui e, ao ser libertado, não sei o que farei: minha mãe quer que eu volte a morar com ela; minha mulher tem vindo aqui, pediu para eu voltar a morar com ela, afirma estar arrependida, quer o meu perdão e que eu volte para casa. Não sei o que faço, preciso me decidir.

Henrique soube, pelos presos, que Maria e Cristina pediram para o delegado deixá-lo na cela com os presos que não eram violentos.

Foram visitá-lo Sarará, Elisa, Lúcio, Mariano, Maria, Cristina e outros funcionários do hospital; passaram a ir um de cada vez, conversavam com ele, levavam alimentos, livros, revistas e objetos de higiene.

E as notícias eram: ninguém sabia do casal, e a família de Olavo contratara um excelente advogado para ajudar o promotor, que Olavo fora esfaqueado por alguém que sabia onde atingi-lo para matá-lo.

Maria e Cristina contrataram um advogado para ele. Henrique fez um cheque de todo o dinheiro que ele tinha guardado para Cristina pagá-lo.

Também decidiram os três, Maria, Cristina e ele, que não contariam para a família dele da prisão. Cristina levaria as cartas, ele as responderia, e ela as colocaria no correio.

O advogado contratado foi visitá-lo, parecia que nem ele acreditava em Henrique, fez muitas perguntas e prometeu defendê-lo do melhor modo possível.

Um preso, à noite, antes do toque de recolher, orava em voz alta, todos o acompanhavam; depois de dias, Henrique voltou a orar e, após a oração, ele escutou a Voz:

— *Ique, peço-lhe calma. Vou tentar estar sempre com você e o ajudar.*

"Você sabe que sou inocente", clamou Henrique em pensamento.

— *Sei que não matou Olavo.*

"Mas matei você, a empregada..."

— *Então não é inocente* — a Voz, frei Artur, o interrompeu.

"Quem matou o senhor Olavo? Conte para mim", pediu Henrique.

— *Não posso. Que Deus o abençoe! Boa noite!*

Tudo Passa

Os sentimentos de Henrique estavam confusos, oscilavam entre estar nervoso, calmo, esperançoso ou desanimado. Desejava ardentemente que abrissem a cela e escutasse que poderia ir embora, pois era inocente. Ali era rotina: ele estava acostumado a trabalhar muito e, com as atividades, o tempo passava rápido; ali não tinha o que fazer e, com horário para tudo, o tempo passava devagar. Não havia pátio para tomar sol, eles recebiam os raios solares pela manhã, quando abriam uma grande janela que tinha uma reforçada grade de ferro, por ali entravam ar e sol. No verão a janela ficava aberta o tempo todo, até à noite, e era fechada no inverno à noite.

Henrique sentiu muito ter de tomar banho de água fria, a comida não era boa; recebiam café da manhã, almoço e jantar, mas os alimentos tinham poucas variações.

Contaram para ele que até Petrás quisera saber dele e, pelo que ele expressara, acreditava que ele era inocente.

Henrique foi parando de pensar em Júlia; quando se lembrava dela, era de forma sentida, porque fora um deles ou o casal quem assassinara Olavo, e os dois deixaram ele ser preso inocente. Sentiu que curara aquela paixão, que não tivera razão de ser.

Na cela, eles trocavam alimentos e conversavam muito. Henrique contou, por umas cinco vezes, a sua vida e o que tinha acontecido naquela tarde. Uma vez escutou:

— Acredito em você, Henrique: contou muitas vezes e não mudou nada. O fato é que a justiça nem sempre faz justiça. Eu estou preso porque roubei, fiz diversos roubos e fui pego no último, estou aqui somente pelo último. Injustiça? Com certeza! Você não matou e está preso como assassino. Injustiça? Também é, com certeza.

Um outro contou que ele e mais dois companheiros roubaram uma mansão, e ele fora acusado sozinho. Os outros dois, indiretamente, mandavam coisas para ele, esperavam saísse logo dali. Cada um tinha uma história.

Continuou recebendo as visitas dos amigos do hospital, mas já não eram tão frequentes e, com eles, vinham os mimos. Recebeu cartas das irmãs e as respondeu, Cristina as trazia e depois colocava no correio o que ele escrevia.

As notícias continuavam as mesmas, ninguém tivera notícias do casal, a família do Olavo ficara indignada e queria justiça, a viúva sabia que o marido estava sempre a traindo, dizia não se importar com as traições, mas não queria o esposo morto.

Fazia sete meses que Henrique estava preso quando marcaram o julgamento. Embora os amigos afirmassem que estavam esperançosos, ele sentia que todos estavam apreensivos.

Foi um falatório numa tarde, levaram preso um homem de vinte e cinco anos, magro, altura mediana e foi colocado numa das celas dos mais ou menos; isto ali era: dos não muito violentos nem muito comportados. O delegado foi ao corredor das celas e falou alto:

— Penso que todos souberam do assassinato de duas crianças, que foram estupradas e mortas. Esse moço está sendo preso como suspeito. Suspeito, ouviram? Não sabemos se foi ele, por isso o respeitem. Não façam nada com ele, que pode ser inocente. Estamos empenhados em descobrir quem matou essas crianças e não podemos afirmar que foi esse que prendemos. Comportem-se!

Henrique havia escutado das visitas e comentários de presos que duas crianças que moravam na periferia, que eram primas, estavam desaparecidas e que depois de cinco dias foram encontradas mortas num barranco dentro da mata, perto da cidade. As famílias estavam desesperadas e sofrendo muito.

O moço preso ficou quieto, tinha uma expressão cínica.

— Não irá acontecer nada com ele enquanto não souberem se é culpado. Ninguém gosta de estupradores, ainda mais que assassinou dois inocentes — comentou um preso.

No outro dia, as visitas comentaram que ele devia ser culpado; pelas investigações e falatórios, devia ser ele o assassino das duas crianças. Um médico com dois policiais foram examiná-lo, e ele foi levado para uma sala reservada da delegacia, não houve comentários sobre esses exames, e ele não falou nada.

Na visita da tarde, uma mulher foi ver um primo preso que estava numa das celas dos violentos, estes eram assim tachados por terem assassinado alguém, porque eram briguentos e rebeldes. A mulher conversou com o primo; depois, chorando, falou alto, e todos se calaram para ouvi-la. Ela exclamou comovida:

— Foi ele quem matou o meu menino! Meu filho era bom garoto, estudioso, obediente, estava brincando na rua com a prima e ninguém viu quem os levou. Não sabíamos onde eles estavam, os procuramos, que agonia! Eles foram encontrados, mortos, e, pelo jeito, sofreram muito antes de morrer. Tenho a certeza de que foi ele! A polícia, não sei por quê, ainda tem dúvidas. Foi ele! Foi ele! Quero justiça! Vocês, presos, têm filhos? Entendem a dor de mãe e pai ao ver o corpo de um filho maltratado e morto? Eram crianças! Maldito! Mil vezes maldito!

Dois guardas pediram para ela se calar, mas ela gritava mais ainda, então a tiraram do corredor, da delegacia. Todos ficaram calados, as visitas logo foram embora. Henrique escutou cochichos e um preso da cela dele falou:

— Pelo jeito, farão justiça!

— Como? — Henrique quis entender.

— Eles com certeza tentarão verificar se esse moço é ou não o assassino; se for, teremos uma morte por aqui.

Henrique apavorou-se, mas todos ficaram em silêncio; ele dormiu e, no outro dia, cedo, recebeu a notícia de que o moço morrera.

O delegado foi ao corredor e se exaltou:

— Não adianta tratá-los bem, permitir visitas e receberem mimos! Não adianta! Um crime na minha delegacia! Irei ser punido por isso!

— Senhor delegado — disse um dos presos —, não quisemos de forma nenhuma desafiá-lo, o senhor pode alegar que ele se suicidou. O fato, senhor delegado, é que ele confessou e não poderia continuar vivo.

— Meu Deus! — exclamou o delegado. — As visitas estão suspensas por três dias. Todos da cela em que ele estava ficarão três dias somente com o café da manhã. Vocês não poderiam ter feito isso.

O delegado saiu do corredor, dois guardas tiraram o morto da cela e o ajeitaram; como ele fora assassinado enforcado, talvez pudesse passar por suicida. Quando os guardas saíram, um preso falou para todos ouvirem:

— Cada um das outras celas dê o que tem guardado de alimentos para os que ficarão sem as refeições, vão passando pelos vãos das grades. Foi feito o que deveria ser feito!

Um guarda contou que o delegado iria transferir o rapaz naquele dia e que, pela investigação, ele de fato era culpado; que comunicaram aos superiores que ele se suicidara e que esperavam não haver investigação, mas, se tivesse, todos os presos deveriam confirmar e falar para as visitas, quando estas fossem liberadas, que fora um suicídio.

Um preso da cela em que o moço estava falou alto para todos ouvirem:

— Depois que aquela mãe nos comoveu com seu apelo, observamos que o moço escutava cínico. Conversamos com ele, fizemos que se sentisse importante sendo um assassino e deu certo, ele confessou que matou as duas crianças e que fizera o mesmo com mais três. Fizemos justiça! Alerto: é para obedecerem! Para as visitas, contar que ele se suicidou e, se houver investigação, cuidado com que falam, não queremos complicar o delegado, que é uma pessoa boa.

Escutaram frases de apoio. Henrique ficou calado e um preso o alertou:

— Companheiro, por favor, concorde. Aqui, o melhor é ficar com a maioria.

Tudo Passa

Henrique deu os alimentos e ficou impressionado, indignado, com a violência; sentiu muita vontade de chorar, mas não o fez. Violência de um ser humano torturar e matar duas crianças, e depois violência dos outros sobre ele.

Não teve investigação e o delegado não recebeu advertência. As duas mães e os pais das crianças assassinadas, quando as visitas foram liberadas, foram e agradeceram, choraram e pediram bênçãos de Deus para eles. Todos se comoveram, foram poucos os que não concordaram com aquela atitude, mas não se manifestaram.

Maria e Cristina foram visitá-lo, e ele não teve coragem de contar o que acontecera.

As duas se aproximaram da grade, e ele falou baixinho para os outros não ouvirem.

— Aqui é um lugar estranho!

— É a energia de quem fez algo errado — observou Cristina.

— Aqui estão — Maria elucidou — aqueles que recentemente provocaram ações perturbadoras. Porém o ato equivocado do perturbador provoca reação. A ação do perturbador é o erro que muitos chamam de pecado, e a reação do perturbado é a dor. Quem faz o mal é culpado, e receber a reação é sofrer um mal. Por isso, meu caro enfermeiro, é impossível que, ao fazer uma maldade, não a façamos a nós mesmos. Num local assim, a maioria é de perturbadores que fizeram erros e que já começaram a receber o retorno.

— Esse retorno pode ser tardio! — lamentou Henrique.

— Nem todas as reações são de imediato — esclareceu Maria. — Elas podem vir fatiadas, ou seja, em etapas; podem demorar, mas são infalíveis.

Afastaram-se e passaram a falar sobre outros assuntos. Quando elas foram embora, Henrique ficou triste e pensou que estava recebendo a reação de atos de sua encarnação anterior, em que fora assassino e não fora punido. Estava sendo agora.

Na véspera do julgamento, Maria foi sozinha vê-lo e disse:

— Caro enfermeiro, sinto em lhe dizer que sua situação é complicada, esteve preso aqui e fizemos de tudo para que ficasse do melhor modo possível nesta delegacia. Pedi, implorei para guardas, para o delegado e investigadores, para o tratarem bem.

— Sei disso, dona Maria, e agradeço de coração. A senhora, pelo que faz, é respeitada na cidade. Muito obrigada!

— Se você for condenado, será transferido, com certeza, para a penitenciária aqui perto; será difícil, para nós, visitá-lo e eu interferir, mas, se eu puder fazer algo por você, farei. Sinto mais por vê-lo aqui porque sei que não matou Olavo. O passado nos cobra, e caro, nossos erros.

— Como sei disso! — Henrique suspirou e se segurou para não chorar.

— Você somente seria inocentado se o assassino confessasse. Penso que, se ele não o fez até agora, não fará. Depois, os funcionários deram seus depoimentos na investigação, contaram o que viram. Não tem como eles desmentirem ou mentirem, mudarem os depoimentos. Você se lembra da última leitura do Evangelho que escutou no hospital?

Ele lembrava muito pouco, porque estava naquela noite pensando em Júlia.

— Um pouco, a senhora não a repete para mim? — pediu Henrique.

— Foi de uma frase do Sermão da Montanha: "Não jurei de forma alguma". Jesus nos recomendou que o nosso falar fosse simplesmente "sim" ou "não". Aprendemos a não jurar em falso ou em vão. Jurar não seria necessário se ninguém mentisse. Porém quem mente é bem capaz de jurar em falso. Por não acreditarem as pessoas umas nas outras, se exige juramento. Jurar em falso é blasfêmia, perjúrio; invoca-se Deus por testemunha de que sua afirmação é verdadeira, mas nem sempre isso acontece. O juramento não oferece mais garantia do "sim" ou do "não". Tentei, nestes anos todos no hospital, ser verdadeira e dei exemplo para todos serem também. Eu acredito em você; no hospital, quase todos o julgam inocente; tem uns que duvidam e pensam que pode ter sido você. Não sei o que acontecerá no julgamento. Vou estar lá.

Henrique pensou muito naquela noite, entendeu que aqueles que com ele trabalharam por anos poderiam, pelo depoimento, condená-lo, isso por não mentirem.

"Por que fui olhar para Júlia?! Por quê?! Importunei-a com meus olhares! Ela, instintivamente, por ter sido prejudicada, na sua outra encarnação, por mim, me temia. Com certeza foi um deles quem matou o senhor Olavo. Fugiram. Talvez tenham ficado sabendo que eu estou preso. Como podem deixar um inocente ser preso no seu lugar?"

Pensava muito no que poderia ter ocorrido naquela casa na tarde do crime. Chegou a falar com o advogado. O senhor Olavo queria Júlia para amante e começou a assediá-la. O casal temia o senhor Olavo e ele. Sabendo que a mãe dela iria morrer, que estava muito mal, resolveram ir embora. Arrumaram tudo. Iriam com certeza se despedir, pelo menos de Maria, e partir. Foi então que o senhor Olavo entrou na casa, tentou agarrá-la; ou foi ela quem pegou a faca e o atingiu ou foi Sérgio, que foi socorrê-la. Vendo-o atingido, o casal se apavorou e fugiu pela janela; saíram facilmente do hospital, foram para o carro que estava estacionado na rua da frente e partiram.

Chegou o dia do julgamento, levaram uma roupa melhor para ele vestir, escutou dos companheiros "boa sorte" e foi no carro da polícia.

Henrique nunca pensara em um dia ser réu. Ficou desconfortavelmente sentado e escutando. Seu advogado tentou de tudo para inocentá-lo, incriminar o casal e alegar que Henrique, quando entrou na casa, Olavo já estava atingido, morto. As testemunhas, os funcionários do hospital, acabaram por prejudicá-lo, contando o que viram. O que mais o incriminou foi que ele olhava muito para Júlia, a importunava, e que Olavo a olhava também. O promotor o acusou, afirmou que ele matara por ciúmes, que Henrique vira Olavo entrar na casa, foi atrás dele, discutiram, ele pegou a faca e o atingiu; depois, apavorado e para se fingir inocente, gritou por socorro. Sarará, ao prestar depoimento, disse que não acreditava ter sido ele, e o promotor interferiu, dizendo que ele não tinha de dar sua opinião, e o juiz acatou.

O promotor, ajudado pelo advogado da família de Olavo, tirou proveito de tudo o que poderia acusá-lo.

Maria pediu para ser ouvida, o promotor negou e o juiz novamente acatou. Quando o promotor pediu para que os jurados condenassem Henrique, Maria se levantou e expressou em voz alta:

— Esse enfermeiro trabalhou comigo por anos com uma conduta exemplar; se ele afirma ser inocente, vocês devem acreditar. Ele...

O promotor interferiu, e o juiz pediu para ela se calar, senão a tiraria da sala.

Foi com muita agonia que Henrique esperou pelo veredicto, e a sentença foi: condenado a vinte e três anos e cinco meses. Seriam descontados os oito meses e dezessete dias que já tinha ficado na prisão.

Ele abaixou a cabeça e expressou alto:

— Vocês condenaram um inocente!

Foi tirado da sala, levado de volta à prisão da delegacia e lhe informaram que iria para a penitenciária dois dias depois. Na cela, chorou e foi consolado pelos companheiros.

— Henrique — aconselhou um deles —, preste atenção na penitenciária para não arrumar confusão. Quando chegar, peça licença, seja educado, mas sem afetação, obedeça ordens e tente fazer amizades. Estive preso lá por cinco anos, saí, acabei roubando e espero ficar aqui e não voltar para lá. As visitas, por ser mais difícil ir, tornam-se mais raras, e a convivência não é nada boa.

No outro dia, pela manhã, foram visitá-lo e se despedir, Sarará e mais três funcionários, que se desculparam pelos depoimentos. À tarde, foram Maria, Cristina e Elisa, elas choraram e ele também.

— Henrique — decidiu Cristina —, vamos continuar ocultando de suas irmãs que você está preso. Penso que será melhor. Irei enviar as cartas de sua família para você num envelope grande e mando papel e envelope; você responde, me envia, e as remeto para elas; se precisar presentear alguém, faço um depósito, não gastei o dinheiro todo que me deu.

Todos prometeram escrever e, se possível, ir visitá-lo. Maria o abraçou pelas grades e aconselhou:

— Caro enfermeiro, em qualquer lugar que estejamos, seja este bom ou não, temos oportunidades de fazer o bem. Não se esqueça disso! Não se revolte! Vá com Deus e O sinta sempre perto de você.

Henrique sentiu uma mistura de sentimentos. Não matou e fora condenado. Alguém matou e estava livre. Foi condenado, e por muitos anos. Como seria sua vida? Chorou sem se importar com os companheiros, mas eles respeitaram e nada comentaram.

No outro dia cedo, pediram para ele se preparar, seria levado para uma penitenciária.

Com medo, angustiado, chegou a tremer; às vezes parecia alheio, como não acreditando que aquilo estava acontecendo; entrou no veículo, e este percorreu o percurso até o seu destino.

8
Na prisão

 Henrique sentiu muito medo, ficou apavorado quando chegou à penitenciária, era um local realmente fechado; passou por portões, portas, trocou de roupa, colocou o uniforme, recebeu alguns objetos. Ele olhava tudo, obedecia às ordens, não conseguiu falar, mas também não precisava; andou por corredores e foi colocado numa cela. Ao entrar, pediu licença, não olhou diretamente para os presos que seriam seus companheiros de cela.

 No outro dia, após a surra que levara, não conseguiu se alimentar, sentiu-se aliviado quando ficou sozinho e pôde chorar. Chorou pelas dores físicas, pela violência que passara e por estar ali; sentiu-se sozinho e muito triste. Lembrou de Maria, que lhe disse que tristeza com tristeza se avoluma, mas não conseguiu afastar aquele sentimento. Quando os companheiros voltaram do pátio, um deles indagou:

 — Não quer falar, companheiro?

— Dói... eu... parece que não consigo... — Henrique se expressou com dificuldade e devagar.

Seu rosto estava inchado, os lábios cortados, tinha hematomas pelo corpo; a surra, denominada de "batismo", fora de fato para machucar.

— Darei a você, à noite, outro analgésico; teremos tempo, temos muito tempo... quando conseguir falar, o escutaremos.

Ele ficou dois dias calado, sentindo-se sozinho, dormindo pouco, sentindo dores e recordou os acontecimentos por ele vividos. Ali, a partir daquele momento, uma outra fase de sua vida começava...

No outro dia, depois de observá-lo bem, um deles se apresentou:

— Sou Julião, este é o meu nome, mas aqui me chamam de Pião.

Falaram seus nomes, todos tinham apelidos. Henrique prestou atenção em Genison, ou Pica, de Picareta, por ser musculoso, por fazer exercícios e por ter a cabeça pequena, desproporcional ao corpo, e por ele gargalhar. Ele contou por que estava preso:

— Gostei da bicicleta de um cara, quis comprá-la, ele não quis vender, penso que foi por eu ter fama de não pagar. Resolvi tomar a bicicleta dele, mas o homem reagiu, pegou uma pedra e ia acertar na minha cabeça, mas eu, esperto, desviei e recebi o golpe no ombro; aí me enfezei, o peguei pelo pescoço e o sufoquei, ele morreu. Infelizmente, três pessoas viram, fui preso e condenado, não adiantou alegar que nós dois lutáramos, que ia ser ele ou eu; recebi a pena de dezenove anos de prisão. Já fiquei oito anos, espero sair logo, um advogado está tentando reduzir a pena. O pior — gargalhou — é que a bicicleta não ficou nem com ele nem comigo.

Henrique tentou não fazer expressão de espanto.

"Meu Deus!", clamou. "Com quem terei de conviver?!"

Sentiu medo.

No quarto dia, foi ao pátio tomar sol; Henrique esforçou-se para andar depressa, porque era assim, caminhando rápido, que iam ao pátio. Chegou, sentou numa mureta, foi observado e observou, sentiu-se bem ao receber os raios benéficos do sol, acabou rindo do jogo. Voltou para a cela sentindo-se melhor.

— Chamo-me Henrique — falou. — Ainda sinto o efeito do batismo, foi uma surra e tanto.

— Você tem apelido? — quis um deles saber.

— Não!

— Gostamos de apelidar, mas o apelido tem que encaixar bem. Entendeu? Vamos ver como o apelidamos.

— Na minha casa e alguns amigos me chamam pelo diminutivo, Ique — Henrique sorriu.

— É bom! Chique!

— "Ique" parece com "chique"! — concordou Henrique, que, mesmo doendo o rosto, riu.

— Você não parece chique, pelo menos com o uniforme, com a farda, como chamamos a vestimenta que usamos aqui. O que vocês acham?

— Chique! — decidiram.

Ele contou o que acontecera com ele.

— Desde os dezessete anos trabalhei de enfermeiro, estudei, fiz cursos, trabalhei em três hospitais, sempre gostei da minha profissão. O que aconteceu foi que me apaixonei e a importunei com meus olhares, um outro homem também fez isso. Eu o vi entrar na casa dela, esperei um pouco; como não escutei nada, entrei, e ele estava caído de bruços, virei-o e vi que estava ferido, sangrando; instintivamente tentei estancar o sangue, gritei por ajuda, fui preso em flagrante e condenado.

Depois, em muitas outras vezes em que Henrique contou, foi detalhando o que tinha ocorrido com ele, e passou a falar de fatos ocorridos nos hospitais.

— Chique, você conta histórias tristes de doenças e doentes.

Eles contavam piadas que Henrique não estava acostumado a escutar, que não gostava, mas ria, eles falavam termos chulos e palavrões, porém, do modo deles, eram amigos.

— Chique, você é macumbeiro? Feiticeiro? Algo assim? — Julião, o Pião, perguntou.

— Não! Não sou! — respondeu convicto.

— Então é inocente! — concluiu Pião.

— Não matei aquele homem — afirmou Henrique.

— Para o senhor Simplino dar ordem para ninguém mexer com você, ou você é como ele ou é inocente.

O assunto findou para receberem o jantar.

Na cela, eles tinham envolvimento sexual. Perguntaram para Henrique se ele queria fazer parte, ele respondeu que não, e eles respeitaram.

Henrique estava preocupado por ter um preso dado a ordem para não o importunarem. Quem seria de fato esse "seu" Simplino que todos obedeciam? Por que ele dera tal ordem? O que ele poderia querer dele? O quê? Não conseguiu resposta, entender. Não sabia se deveria se preocupar e ter mais medo. Tomando sol no pátio, Pião sentou-se ao seu lado; aproveitando que os dois estavam mais isolados, perguntou:

— Pião, por favor, me responda: quem é esse senhor Simplino? Ele manda aqui? Não vem ao pátio?

— Chique, você é educado. Gosto quando me pede "por favor". Aqui é difícil escutar essas duas palavras. Vou explicar para você. Desde uma briga feia no pátio, a direção tem separado por alas a vinda ao pátio. Foi melhor, o pátio não fica tão lotado e brigam menos. O senhor Simplino vem em outro horário. Aqui sempre há os que mandam, e é pela força bruta. Com o senhor Simplino é diferente, ele não é briguento, mas usa de algo pior.

— Você está me assustando. O que será que esse senhor Simplino irá querer de mim?

— Com certeza nada. Vou contar para você para não se preocupar. Ele está aqui porque dizem, e ele não desmentiu, que fazia sacrifícios em que matava animais e até pessoas para beber sangue. Foi encomendada para ele a morte de um homem, ele recebeu o pagamento, fez que fez e o homem não morreu; comentam que o feitiço não pegou, que não surtiu efeito, então o senhor Simplino, indignado, foi e assassinou o homem; só que esse comerciante, com receio de ser morto, fizera algumas armadilhas e se cercou de segurança. Senhor Simplino foi preso em flagrante e condenado a cem anos de prisão, porque, pelo que comentavam dele, que tinha matado mais gente, os jurados resolveram, por este crime, que ele era perigoso e que deveria ficar preso pelos outros também. Ele raramente dá ordens por aqui, mas, quando dá, todos têm medo e obedecem. Ele já matou aqui. Uma vez um carcereiro implicou com ele, então este carcereiro caiu da moto e faleceu no acidente. Um outro implicou com um companheiro de cela dele, que é seu amigo, e bateu nele; dois dias depois, este carcereiro sofreu um derrame e ficou inválido. Coincidência? Eu penso que não, ninguém se atreve a desafiá-lo. Ninguém implicou mais com ele. O senhor Simplino recebe algumas visitas e lhe trouxeram seu jogo de búzios, ele joga para quem paga, cobra em cigarros, e dos fortes, charutos de preferência. Se você não é feiticeiro, o senhor Simplino sabe que é inocente. Ele acha que inocentes não deveriam estar aqui.

Henrique se tranquilizou, mas não muito. Lembrou-se da cachoeira perto do sítio de seus pais, daqueles rituais, sabia que existiam, talvez os presos tivessem exagerado os poderes do senhor Simplino.

"Quem faz para ter fama, famoso é", concluiu Henrique. "Espero mesmo que seja por isso que ele deu a ordem, por saber que não matei o senhor Olavo."

— *Foi por isso mesmo, Ique* — escutou a Voz. — *Simplino sabe que não matou Olavo.*

"Você interferiu nisso?", Henrique quis saber.

— *Sim, pedi para ele, assim como também para dois desencarnados que estão sempre por aqui com ele.*

"Obrigado!"

— *De nada!*

Henrique então se tranquilizou em relação a esse assunto. Recebeu a visita de Cristina, alegrou-se muito ao vê-la, mas a amiga estava indignada.

— Para eu entrar aqui, me revistaram, foi muito desagradável. Trouxe cartas. De suas irmãs e dos seus amigos do hospital. Trouxe-lhe bloco, envelopes e outro grande e já selado; responda e coloque todas no envelope; envie para mim, que eu colocarei as de suas irmãs no correio. As próximas cartas mandarei para você pelo correio. Aqui está um doce, o que você gosta, e estas balas de coco. Coma o doce!

Henrique pegou o recipiente de plástico, abriu e comeu o doce enquanto conversavam. Estavam na recepção, sentados à frente de uma mesa.

— Ique — contou Cristina —, infelizmente não tivemos notícias de Júlia e Sérgio, eles de fato sumiram mesmo. Mamãe consultou um detetive, mas ele afirmou que era difícil encontrá-los por falta de pistas e que ninguém mais se lembraria de ter visto o casal. Ele verificou a placa do carro, mas o veículo não foi mais emplacado.

Henrique agradeceu a amiga e falou que a entendia por não voltar mais.

Ele observou as outras visitas que ali estavam e viu uma mulher com dois adolescentes visitando o pai, a maioria era de mães que iam ver os filhos.

Chorou ao se despedir de Cristina. Na cela, dividiu igualmente as balas de coco, que eram grandes, do tamanho de um bombom.

— A moça que veio visitar você é algum envolvimento? Namorada? — um companheiro quis saber.

— Não, ela é amiga, fui colega de trabalho dela. Ela não voltará mais, disse que é constrangedora a revista.

— Isso é fato, por isso recebemos mais visitas de mães; a mãe, quando é boa, faz qualquer sacrifício pelos filhos.

Henrique foi ler as cartas e as respondeu; escreveu para as irmãs, preferindo recordar fatos da infância e juventude. Escreveu para Maria se lamentando: "Aqui encontrei muitas pessoas que agiram com maldade e que, infelizmente, não se arrependeram; pelo menos foi essa a impressão que tive, pode ser que haja alguns que tenham se arrependido, mas estes não falam". Colocou tudo no envelope e o deu para ser colocado no correio.

Recebeu a resposta de Maria: "Caro enfermeiro, quem faz um ato errado é o primeiro a ser atingido, às vezes até antes de quem o recebeu. Ninguém faz um ato indevido sem ter as consequências. Com certeza, somos sempre atingidos pelas nossas atitudes. Tornamo-nos pessoas más quando fazemos mal a outros, isto é a pior coisa que nos pode ocorrer. Recebemos primeiro pelo impacto do pensamento, se o ato foi planejado. O pensamento é uma vibração que pode ser benéfica e pode também ser destruidora; por isso, amigo, seja firme, esforce-se, tente pensar em coisas boas e desejar o bem para todos aí. Peço-lhe para recordar que, aqui no hospital, sempre que possível, tentei esclarecer, nas leituras do Evangelho, as consequências de quem faz uma maldade. Se, pela crueldade feita a outrem, este, que a recebeu, resolveu se vingar, e a vingança é uma atitude errada, os atos dele equivocados aconteceram depois que recebeu a maldade; além de ter lhe feito um mal, torna-se responsável pelo outro agir errado. Quem faz o mal normalmente não sabe das responsabilidades, dos fatos que podem ocorrer com o prejudicado. Embora não devamos esquecer que todos nós temos o livre-arbítrio e que somos responsáveis por esta liberdade, porque, ao sermos prejudicados, nos cabe seguir o ensinamento de Jesus de perdoar sempre. Você foi condenado por um crime que não cometeu e tem a opção: perdoar e seguir em frente, ainda mais que sabe que resgata erros do passado, de sua outra encarnação (é o que espero de você) ou pode querer se vingar. Lembro você que vingar-se é agir errado e terá de pagar por esta atitude. Mas quem deixou você ser condenado sabendo ser inocente errou duas vezes, tirou uma pessoa da vida física e deixou você ser preso. Se você resolvesse se vingar ou seguir o mau caminho, ele seria responsável também pelo seu desvio de conduta. Quanta responsabilidade!". Maria terminou a carta, como sempre, desejando paz, força e mandando abraços.

Escreveu para a amiga a tranquilizando, ele não tinha nenhuma intenção de se vingar e estava entre aqueles que desejavam perdoar e seguir em frente.

Pensou em Sérgio e Júlia: além de perdoá-los, queria entendê-los pela atitude que tomaram.

"Será", pensou, "que eles têm sossego? Estarão felizes? Espero que sim".

Já não pensava nela como antes e não sentia mais aquele amor inconsequente.

Prestou atenção em um companheiro de cela que tinha tique de piscar e entortar a boca para o lado direito. Ele se chamava Leonel, seu apelido era Chaminé, porque contou que uma vez foi roubar uma casa, entrou pela chaminé da lareira e ficou entalado, foi preciso que os bombeiros o tirassem de lá, desta vez ele ficou cinco meses preso. Leonel estava ali porque foi assaltar um mercado, o proprietário reagiu, e ele atirou e o matou, foi condenado a vinte e dois anos de prisão. Henrique tinha visto, sentido, por duas vezes, um espírito com ódio perto dele. Uma vez ele provocou o Pica e só não levou uma surra porque todos interferiram com o "deixa para lá". Escutou frei Artur perto dele naquela noite enquanto orava.

"Voz, quem é o espírito que senti perto de Leonel?"

— *Infelizmente, é o antigo dono do mercado que foi por Leonel assassinado, ele não aceitou a desencarnação e, com ódio, tenta se vingar. Este desencarnado está cursando a "escola de vingadores" no Umbral, onde está aprendendo a obsediar. Este caso ilustra bem o que Maria lhe escreveu: esse senhor, o dono do mercado, era honesto, trabalhador, muito dedicado ao seu estabelecimento comercial, trabalhava normalmente doze horas por dia, era casado, tinha dois filhos adultos. Não aceitou ter sido roubado e assassinado e quis, quer, se vingar; a prisão do assassino não lhe basta, quer que ele sofra mais. Dois socorristas que aqui trabalham e eu já tentamos fazê-lo entender, perdoar e viver a vida dele, mas ele não quer. Leonel é um ladrão, roubou muito e acabou assassinando uma pessoa; fez mal a muitas pessoas, porque não é agradável ser roubado, e tirou alguém da vida física; este alguém era uma pessoa honesta, trabalhadora, tinha família, recebeu uma grande maldade, mas ele teve escolha de perdoar, entender, ir para um Posto de Socorro ou Colônia, mas infelizmente não perdoou e desejou se vingar. Os umbralinos não costumam fazer nada sem cobrar; ele, para aprender, teve, tem, de fazer favores, que são maldades; Leonel não somente fez uma maldade para esse senhor, fez mais, o fez ser mau, agir errado. Espero que consigamos fazer esse que agora está como obsessor entender e não se vingar mais.*

"Eu o assassinei, e você, também pelo livre-arbítrio, teve escolha de se vingar ou perdoar" — Henrique entendeu.

— *Espero, meu amigo, que siga meu exemplo. Não perdoar somente traz sofrimento, enquanto perdoar traz paz.*

"Você não somente me perdoou como me amou, ajudou e tem me ajudado. Obrigado!"

— *Concluímos que o exemplo é importante, tanto o ruim como o bom. Na escola no Umbral, esse ex-comerciante aprende a agir errado; poderia ter ido ficar com espíritos bons e aprender a fazer o bem. Durma, Ique, e não se envolva diretamente, aja como a maioria fez hoje, não os deixando brigar. Boa noite!*

Henrique adormeceu.

"Essa rotina mata!", "Que sufoco!", "Que tristeza!". Eram expressões que se escutavam sempre por ali. Ninguém dormia bem, talvez por não cansarem o corpo. Falavam muito de si. Edgar contou:

— Tinha um emprego razoável, era casado e tinha duas filhas. Então minha mulher quis a separação, falou que não me amava mais, que eu não ligava para ela e me acusou de muitas coisas, a maioria indevida. Concluí que ela se apaixonara por outro. Tentei de tudo, mudei, comprei presentes para ela, mas ela continuou querendo se separar. Num desespero, a matei com facadas. Resultado: deixei minhas filhas órfãs: a mãe morreu, e eu, o pai, vim para a prisão, condenado a dezoito anos. O juiz deu a guarda das minhas filhas para os avós maternos. Contaram para elas que nós dois, pai e mãe, falecemos num acidente de carro. Meus pais as visitam e resolveram confirmar essa versão, porque, pensando nas meninas, concluíram que era o melhor. Meus pais ajudam com dinheiro os outros avós e dão presentes para elas. Meus sogros me odeiam por ter matado a filha deles, mas cuidam bem das minhas filhas. Um amigo meu, padrinho de uma das minhas filhas, as visita e, escondido, tirou fotos delas e me mandou. Eu me pergunto sem parar: "Por que fiz isso? Por que a matei? Deixei as minhas filhas, comigo preso, sem pai e mãe. Deveria ter me separado; mesmo as meninas tendo ficado com ela, poderia vê-las, participar da vida das duas. O pior é que ainda amo minha ex-mulher, às vezes parece que a sinto perto e que ela me odeia, não me perdoa, penso que seu rancor é mais por ter deixado as filhas. Minhas meninas têm casa, nada lhes falta de material, mas não é a mesma coisa, é difícil não ter pai e mãe. Sofro por ter deixado minhas garotinhas órfãs. Por uma estupidez, por não aceitar perder, causei muito sofrimento, a mim, às filhas, aos meus pais, aos meus sogros e a ela, que morreu jovem querendo viver.

Era triste escutá-lo, por vezes ele chorava, mostrava as fotos das filhas, duas meninas lindas. A mãe dele ia pouco visitá-lo, e seus dois irmãos raramente respondiam suas cartas.

Julião, Pião, gostava de falar e refazer seus planos, o que iria fazer quando saísse da prisão, e gostava de escutar opiniões.

Henrique, quando o escutou, quis pedir para ele desistir da desforra, não fazer inimizades, mas não falou, o bom senso ali era ficar sempre com a maioria.

— Morava num bairro — Pião começava a contar sempre assim — que, aos poucos, foi ficando mal frequentado. Casado, com uma filha, resolvemos nos separar; saí de casa, mas não fiquei ausente, fui bom pai, ajudei a esposa em tudo. Minha filha se casou, ficou morando com a mãe e teve dois filhos, dois meninos lindos. Aí um jovem do bando dos traficantes se apaixonou por ela, então complicou tudo. Este homem matou meu genro, fez parecer um acidente e depois fez de tudo para minha filha morar com ele. Eu fiquei sabendo do crime, não falei nada, temi o bando. Pensando em tirar os quatro do bairro, me organizei, então houve uma batida policial, fui preso e condenado a três anos e cinco meses. Logo sairei e colocarei meu plano em ação.

— Por que foi preso, Pião? — Henrique quis saber.

Pião com certeza já havia contado muitas vezes o mesmo fato, por isso aproximou-se de Henrique e contou:

— Era sócio de uma oficina mecânica, era o que trabalhava, o local estava no meu nome, mas era realmente do grupo de traficantes. Consertava veículos e vendia peças que eram roubadas. Houve uma denúncia, sei que foi este homem que está com minha filha, e fui preso. Fecharam a oficina, meses depois a reabriram. Minha ex-mulher e minha filha vieram duas vezes me visitar, não falei nada do que descobri; o melhor ainda, para as duas, é ter a proteção desse homem, que deve mesmo amar minha filha. As duas se mudaram de casa para a dele, que é grande e confortável; minha ex-mulher fica com as crianças numa parte da casa, e ele, com minha filha, na outra parte. Ele trata todos bem. Agora o meu plano...

Pião fez uma pausa; vendo Henrique interessado, continuou a contar:

— Não irei avisar ninguém quando sair daqui. Tenho dinheiro guardado num cofre de um banco; irei lá, pego e vou para uma cidade; lá farei, tenho tudo bem planejado, três assaltos; trabalhando sozinho, o que eu roubar é meu; disfarçarei, então irei a uma cidade, não falo qual, compro duas casas, uma no nome de minha filha e a outra no de minha ex-esposa. Tenho cópias dos documentos que preciso, pedi isso à minha filha quando veio me visitar, e ela, depois, mandou pelo correio e jurou não comentar com ninguém. Alugo uma das casas, a coloco numa imobiliária; para a outra, compro uns objetos e neles escondo o dinheiro excedente. Volto para onde elas moram e mato o homem que está com minha filha, porque ele me dedou e matou meu genro, que era boa pessoa. Depois de uns dias, irei à tarde disfarçado à casa delas, conto tudo e meu plano, peço a elas para pedirem permissão para se mudarem e deixarem a casa em que moram para os dois filhos dele; o assassino de meu genro tem dois filhos, um com cada ex-mulher. Peço para elas irem embora e levarem poucas coisas, para irem de uma cidade a outra, até a que comprei as casas e lá recomeçarem suas vidas. Com elas instaladas e bem, executarei a segunda parte do meu plano. Vou matar o chefe e mais dois, que, com maldade, oprimem os moradores. Pode ser que consiga ou não.

Embora Pião estivesse perto de Henrique, os outros na cela prestavam atenção.

— Alerto novamente — interferiu o Pica —: se pegarem você, irão torturá-lo.

— Você — aconselhou um outro — pode deixar um veneno na boca, um saquinho fechado, colocá-lo na bochecha e, se o pegarem, é só morder o saquinho e engolir o veneno. Morrerá antes de ser torturado. Compre ou roube num local onde vendem esses produtos.

— Chique, você, como enfermeiro, acha que isso é possível? — Pião quis saber.

— Precisa de uma quantidade certa, e a morte não é imediata; pode demorar, dependendo do veneno, minutos ou horas, mas pode dar certo — respondeu Henrique. — Talvez dois saquinhos, um em cada lado da boca. Não morrerá logo, mas com certeza não será por muito tempo torturado.

— Boa ideia, obrigado! — Pião agradeceu.

— Pião — Henrique tentou aconselhá-lo —, não é melhor você sair daqui, pegar sua família, levá-la para um lugar longe e cuidar dela?

— Pelo visto você não conhece grupos de malfeitores. Não tenho como tirá-los de lá e, se conseguisse, esse homem nos perseguiria. É um tormento quando, de alguma forma, se faz parte de um grupo assim.

Às vezes no pátio os dois ficavam afastados e Henrique tentava fazer Pião mudar de ideia, mas não conseguiu.

— Vou ficar curioso para saber se deu tudo certo ou não no seu plano — comentou Henrique.

— Posso escrever para você contando. Acredito que a primeira parte dará certo. Paguei cinco maços de cigarros para o senhor Simplino jogar as pedras para mim, é assim que ele lê a sorte. Ele afirmou que a primeira parte tudo será como planejei; na segunda, terei de ter muito cuidado. Penso que, se conseguir matar aquelas pessoas, livro muitas outras da opressão.

— Pião — Henrique insistiu —, será que eles não serão substituídos? Infelizmente, sempre há alguém para ficar no lugar dos chefões.

— Chique, é melhor você não dar palpites contra, posso me ofender e lhe quebrar uns dentes. Se eles forem substituídos, não posso fazer mais nada. Esses merecem morrer.

Com a ameaça, que Henrique sabia ser verdadeira, não opinou mais. Escutava calado e às vezes desejava êxito.

Todos gostavam de receber notícias, cartas, e Henrique ansiava por notícias, ele sempre recebia um envelope grande com as cartas das irmãs, dos amigos. Recebeu a notícia de que Petrás estava doente, com câncer nos ossos e que optaram em deixá-lo no hospital e cuidar dele, que já sentia muitas dores; na carta seguinte, recebeu a notícia de que Petrás desencarnara.

Cristina escreveu informando que os novos remédios estavam tendo os efeitos desejados. As notícias das medicações chegaram aos poucos: eram corticoides, como prednisona, triancinolona. Cristina escreveu que, embora houvesse efeitos colaterais, estes eram bem menos do que a doença.

Henrique lembrou que Maria lhe falara que, quando não precisassem mais tanto dela, desencarnaria. Ele gostava demais de receber cartas de Maria; nelas, a amiga o aconselhava, animava e orientava. Numa delas, a sábia dirigente do hospital escreveu: "Ser puro entre os puros e para aqueles que querem aprender a ser, é fácil, difícil é ser puro entre os impuros. Lembro-o, amigo, caro enfermeiro, que impureza é egoísmo, fraqueza, em todos os sentidos e não, como muitos pensam, somente por sexo. Pureza é o contrário, é ser solidário, praticar a caridade, ser bom, forte e amar. Impuros são todos os egoístas e, quando dizemos 'espíritos impuros', nos referimos a desencarnados que continuam egoístas, obsessores, que procuram sugar, vampirizar energias de encarnados e, às vezes, querendo apoderar-se de seus corpos, levando-os a se desequilibrar. Quando Jesus expulsava espíritos impuros de obsediados, eram esses egoístas. Cautela, meu caro, realmente você me é caro, querido amigo, com os egoístas e seja puro entre os impuros e com certeza encontrará outros que não sejam tão egoístas. Você sempre será o meu próximo mais próximo".

Henrique se emocionou e chorou de saudades da amiga.

— *Somente sente saudades quem ama* — escutou a Voz.

Ele concordou.

Henrique foi chamado à frente da cela por um carcereiro, sentiu gelar e perguntou:

— Por quê?

— Não sei, é para você vir comigo — respondeu o carcereiro.

— Outro batismo? Será? — Henrique se preocupou.

— Não é costume. Senhor carcereiro, ele não fez nada. É obediente. Por que levá-lo? — Pião tentou defendê-lo.

— O diretor quer falar com ele, é somente isso que sei — disse o carcereiro.

Henrique o acompanhou, passaram por corredores e outras celas.

"Bem, se é para levar outra surra, não posso fazer nada", concluiu Henrique.

Passaram por três portas, pararam em frente a uma, o carcereiro bateu e escutaram:

— Entrem!

Henrique entrou e viu dois homens, um sentado em frente a uma escrivaninha e o outro de jaleco branco numa cadeira ao lado. O que estava à frente da mesa perguntou:

— Você é o Henrique? Trabalhou como enfermeiro? Esteve no hospital do fogo-selvagem?

Ele ia, após cada pergunta, afirmando com a cabeça; quando o senhor terminou, ele respondeu:

— Sim, senhor, sou Henrique, trabalhei em três hospitais e nove anos no que o senhor se referiu.

— Eu sou o diretor deste lugar e esse é o doutor Michel, médico que trabalha aqui, ele quer receber ajuda de um enfermeiro. Aceita trabalhar na enfermaria?

— Sim, claro, aceito, eu gosto de trabalhar, eu...

— Está decidido! — o diretor o interrompeu. — Terá uma experiência e, se o doutor Michel gostar de seu trabalho, poderá trabalhar com ele. Pode ir com o doutor à enfermaria.

O carcereiro os acompanhou, passaram por portas e chegaram à enfermaria.

— Venho aqui por seis horas diárias, de segunda a sexta-feira, três vezes no período da manhã e duas à tarde — explicou o médico. — Você trabalhará aqui de oito a nove horas, porque limpará o local. Podemos começar. João — referiu-se ao carcereiro —, mande entrar o próximo.

Henrique sentiu muita alegria e se segurou para não ficar sorrindo, prestou muita atenção e tentou fazer tudo o que o médico queria. O médico, quando foi embora, avisou o carcereiro:

— Você tem ordem para trazê-lo aqui duas horas antes de eu chegar, para que ele limpe tudo.

Foi levado à cela, seus companheiros estavam preocupados, suspiraram aliviados ao vê-lo retornar bem. Contou, tentando não demonstrar a alegria que sentia, para não provocar inveja.

— Senti receio de levar outra surra. Já estava conformado, quando entramos na sala do diretor e ele ordenou que fosse ajudar na enfermaria, fazer a limpeza de lá.

— Bom para você! Está sempre dizendo que sente falta de fazer algo — escutou dos companheiros.

Um carcereiro vinha buscá-lo, ele limpava bem a enfermaria. Tentou ser rápido e fazer bem-feito; dias depois, já aplicava injeções e fazia curativos. Doutor Michel gostou dele. Sábado e domingo não ia à enfermaria.

Recebeu com muita tristeza a notícia de que Maria desencarnara. Cristina escreveu que ela e a mãe ficaram muito contentes com os resultados das medicações e que a maioria dos doentes já não precisava ficar mais internada, ficavam apenas os que, pelo diagnóstico tardio, tinham muitas bolhas e aqueles que tinham alergia aos remédios e que tinham de tomar antialérgicos fortes. O tratamento poderia ser feito nas casas dos doentes. Contou que Maria fora encontrada sentada numa poltrona com o livro, o Evangelho, no colo. Havia desencarnado.

Henrique esperou cinco dias para escrever para Cristina, queria consolá-la, mas como fazê-lo se ele estava sentindo muito? Embora tivesse a certeza de que sua amiga estava bem no Plano Espiritual, egoísta, queria ela encarnada, para receber sua carta, que tanto lhe dava conforto e consolo.

Pião foi solto; antes de sair, despediu-se de todos, os companheiros desejaram-lhe sorte, e ele prometeu escrever para Henrique contando o que conseguira fazer.

Foi ocupar a vaga dele na cela um moço que todos acharam estranho. Ele não foi surrado, o que estranharam mais ainda. Ele tinha tiques e rituais. Todas as vezes que entrava ou saía da cela, isto para irem ao pátio, ele dava três pulinhos; no pátio, ficava calado, sentado, parecia orar; depois caminhava, começando devagar e se apressando, até seu caminhar ser rápido.

À tardinha, ajoelhava-se e orava, abaixava o rosto até tocar no chão. Foi depois de dias que falou seu nome e o porquê de estar preso, fora condenado a treze anos e já havia ficado quatro anos preso numa delegacia. Contou que matara, porque Deus mandara, um sujeito, um senhor rico, que emprestava dinheiro a juros abusivos e, quando não recebia os juros ou o dinheiro emprestado, batia nas pessoas ou mandava surrá-las, quebrar a casa, teve um lar em que colocara fogo. Ele era mau.

— Você matou porque Deus mandou? — Chaminé admirou-se.

— Sim, foi — respondeu ele.

— Que religião você segue? — Pica perguntou curioso.

— Nenhuma. Sigo Deus. Oro ajoelhado porque uma vez vi um homem orando assim, achei bonito e o imito.

No pátio, longe dele, comentaram.

— Deus não pode tirar a alma de uma pessoa do corpo? Fazendo isso, a pessoa morre.

— Por que mandar alguém matar? Isto é desobedecer um mandamento Dele. Depois, se Deus tivesse mandado, Ele não iria defendê-lo? Por que está preso?

Concluíram que ele era demente e ficaram atentos a ele.

Pica contou que, na delegacia em que estivera preso, um moço, que tinha somente vinte e dois anos, fora preso porque matara seu filhinho de vinte dias. O moço contou que na igreja que frequentava escutara que crianças pequenas, recém-nascidas, ao morrer, iriam para o céu, que era um lugar maravilhoso. Ele pensou e resolveu mandar o filho para o céu, porque na terra estava muito complicado. Seus companheiros de cela não aceitaram e o mataram, mandaram-no para o céu para ficar com o filho.

Mas esse preso, Abel, era pacato, não participava das conversas, não ria das piadas. Colocaram o apelido nele de Caim, mas não o chamavam assim, Caim era somente para os comentários longe dele.

Henrique esforçava-se para fazer bem seu trabalho na enfermaria e notou que doutor Michel estava gostando de seu serviço.

Continuou recebendo cartas, escrevia para as irmãs e muito para Cristina, que contou que o hospital estava parecendo mais um asilo, moradia dos funcionários idosos, de enfermos curados que não tinham para onde ir.

Henrique recebeu uma carta de Julião, o Pião, que, no remetente, colocou somente seu nome; explicou na carta que estava mudando muito, não ficava muito tempo num lugar. Fazia um ano e dois meses que Pião saíra da penitenciária. A carta era de sete folhas e nela ele contou suas proezas.

Pião escreveu que não avisou ninguém que ia ser solto. Saiu e fez o que planejara: foi ao banco, pegou o dinheiro que guardara no cofre, fez compras e três assaltos; foi à cidade que escolhera e comprou as duas casas, alugou uma e na outra deixou utensílios domésticos e dinheiro escondido. Disfarçou-se de mulher e foi onde a filha morava. Sabia dos hábitos do homem que estava com ela, esperou-o, ele passava de bicicleta numa trilha na mata para fazer exercício. Para ir a esse lugar, tinha duas opções: entrar no bairro ou subir uma encosta pela mata. Foi pela mata porque conhecia o caminho, então colocou um fio na trilha e, quando ele passou, puxou o fio; ele caiu da bicicleta, daí bateu com uma pedra na cabeça dele e depois virou seu pescoço; tirou o fio e, rápido, desceu a encosta, quando viu dois homens torturando um terceiro; sem querer, ele fez barulho e um deles foi ver o que era; então o atingiu com a faca, matando-o; depois, surpreendeu o outro torturador e também o matou. O torturado estava muito machucado, mal, pediu para ele o matar, e ele o fez. Saiu dali rápido e ficou numa pensão, cada noite dormia em uma. Não houve comentários sobre aquelas mortes, mas isso não o surpreendeu, o grupo evitava comentários. Cinco dias depois, vestido de mulher, no horário de pico em que muitos trabalhadores voltavam do trabalho, ele foi ao bairro, à casa da ex-mulher e da filha. Conversou com elas, contou o que aquele homem fizera e as convenceu a ir embora, falou para elas pedirem permissão para mudar, dizerem que iam para perto da família, levarem pouca coisa e deixarem a casa para os dois filhos dele. Viu os netos dormindo e se despediu delas, pedindo para fazerem o combinado e terem cuidado. Seguiu-as de longe e, quando as viu protegidas, resolveu colocar a segunda parte do plano em ação: matar os bandidos que sempre se safaram da justiça. Pelo mesmo caminho, o da mata, entrou no bairro de madrugada, entrou na casa do chefão e o matou, assim como os dois que queria. Voltou pelo mesmo caminho. Pião colocou uma observação: matou todos com a faca e ficou o tempo todo com os dois saquinhos de veneno na boca. Fez o caminho de volta e se escondeu. Essas mortes foram divulgadas. Depois de cinco dias, saiu da cidade e foi para longe. Entrou numa mata e, perto de uma cidade, se alojou numa cabana abandonada. Fez dela sua moradia e ali ficou três meses sossegado, quando, numa noite, eram vinte e três horas, acordou com barulho, pessoas falando, mulheres chorando e rogando. Com cuidado, foi ver o que ocorria: viu dois homens que tentavam estuprar duas moças e um jovem desacordado amarrado no chão. Interferiu. Matou os dois homens, desamarrou as moças, disse que era policial, ajudou a colocar o moço no carro e pediu para elas irem embora e procurarem um posto policial. Pegou tudo o que queria na cabana e partiu. Terminou a carta contando que até queria saber notícias de todos, mas não tinha como; que ainda tinha os dois saquinhos com veneno, que não tinha intenção de usar, a não ser que fosse torturado; e que, pelas notícias, soubera que aqueles dois estupradores eram criminosos perigosos e que estavam soltos. Disse que agora o destino dele era fazer justiça onde esta não havia ou não era feita.

Pião detalhou mais essas proezas e Henrique ficou pensando se era ou não verdade. Porém ele escutara falatórios de que uns chefões do bairro que Pião citara haviam sido assassinados.

"Que tristeza, meu Deus!", Henrique lamentou. "Pião acredita que faz justiça onde a justiça deveria agir. Na falha de uma, outros resolvem agir."

Orou por Pião. Concluiu que todos ali tinham suas histórias de erros e sofrimentos, e muitos pensavam como Pião e planejavam se vingar ou fazer justiça, isto porque a justiça dos homens infelizmente era falha.

"Com certeza", concluiu, "Pião e muitos outros não fariam certos atos equivocados se tivesse realmente justiça. E a injustiça era resultado de corrupção, de ações equivocadas daqueles que deveriam proteger todos igualmente."

Arrependeu-se por não ter tido coragem de fazer Pião mudar de planos.

"Não o fiz por medo de ficar sem os dentes", lembrou.

Ele sabia que a ameaça não era em vão. Ele sempre cuidava dos dentes, ia ao dentista, fizera um bom tratamento antes de visitar a família. Ali os escovava bem, mas um dente começou a doer, e ele, com uma pinça, tirou a obturação; ele parou de doer, mas ficou um buraco. Na prisão, se um dente doía, era extraído.

Concluiu que penitenciária era um lugar diferente e que ser bom no meio de pessoas que agem errado era difícil. Ele, por vezes, se omitia por medo, isto o entristecia, mas não conseguia agir diferente.

9
O enfermeiro

Por oito meses era a rotina de Henrique: o carcereiro ia buscá-lo duas horas antes das consultas, ele limpava a enfermaria e depois ficava atento para auxiliar doutor Michel; quando o médico ia embora, ele colocava tudo no lugar e voltava à cela. Nos dias em que as consultas eram pela manhã, ele tomava o café e ia, após, para o trabalho, então almoçava no refeitório sozinho. Quando ia à tarde, ele almoçava e depois ia para a enfermaria.

Doutor Michel, aos poucos, o foi mandando aplicar injeções, medir temperatura, pressão e fazer curativos.

— Enfermeiro — disse o médico —, estou gostando do seu trabalho, elogiei-o para o diretor.

Na cela, Henrique comentava alguns fatos ocorridos na enfermaria, queixava-se de cansaço, mas dizia que estava bem. Os companheiros começaram a respeitá-lo.

Foi atendido, no período da tarde, um preso com cólica de rins, teria de ficar na enfermaria e tomar a medicação com hora marcada; o doente era analfabeto e, se piorasse, teria de tomar um medicamento injetável.

— Posso ficar aqui à noite e fazer a medicação — ofereceu-se Henrique.

Doutor Michel conversou com o diretor e Henrique ficou, dormiu numa outra cama e gostou muito. Fez isso por três noites, então o enfermo melhorou e Henrique ia voltar para sua cela.

— Enfermeiro — decidiu doutor Michel —, vou pedir, exigir, que você possa ficar aqui.

Henrique alegrou-se. Desde que fora trabalhar na enfermaria, passou a ser chamado de "enfermeiro". A enfermaria, se não era usada, ficava bem trancada pelo lado de fora. O espaço era grande. Uma sala retangular: na frente, tinha uma pequena escrivaninha, uma cadeira para o médico e outra para o paciente; ao lado, uma maca alta; após, quatro leitos; depois, uma divisória e mais quatro leitos; havia cinco poltronas, seis cadeiras; e, do lado da escrivaninha, um armário de três portas; em duas guardavam roupas de cama e toalhas; a outra porta, que era trancada, continha remédios. Logo na entrada havia um cômodo e um pequeno banheiro para uso do médico. Mais ao fundo, um banheiro, na frente do qual estava um biombo, que tinha um chuveiro, dois vasos sanitários e três pias. Do lado esquerdo da entrada, uma porta dava para um espaço aberto no alto. Para que entendam, era como um jardim de inverno, sem cobertura, que media três metros por dois metros e cinquenta centímetros. Ali tinha um tanque, o espaço recebia sol entre dez e treze horas, com variações das estações do ano. Henrique lavava roupas ali, as dele e as que eram usadas na enfermaria.

Doutor Michel conseguiu que Henrique passasse a ficar alojado no cômodo, fez ali um quarto, lhe trouxeram uma cama, mas foi doutor Michel quem trouxe um colchão novo e bom, bem como travesseiro, roupa de cama, toalhas de banho e cobertor para ele usar.

Henrique ficou muito contente, acomodou-se ali, aquele espaço era para o médico, era trancado por dentro.

— É uma garantia — explicou doutor Michel. — Se por acaso houver alguma rebelião, posso entrar aqui e me trancar até passar o perigo.

Henrique contou para seus companheiros de cela, disse que ia ficar na enfermaria porque havia muito trabalho.

— Esse médico está explorando, faz você fazer o serviço dele, e de graça — comentou um preso.

— É — disse Henrique —, porém, se recusar, posso sofrer represálias.

— Isso de fato pode ocorrer — concordou Pica —, mas uma coisa é comentada: você é um bom enfermeiro, falam que entende mais que o médico.

Todos desejaram que ele ficasse bem. De fato, Henrique se sentiu bem melhor dormindo sozinho, tendo um banheiro para ele e podendo tomar banho de água quente. Os chuveiros na enfermaria eram elétricos.

Henrique agradeceu muito ao médico. Embora o quarto não fosse ventilado, muito quente no verão, no inverno era agradável, e não ouvir roncos, não escutar as palavras indevidas, as piadas, não ter de ficar atento era uma graça.

— Está com dores na barriga? — perguntou doutor Michel ao atender um preso que estava deitado na maca.

O médico colocou a mão no abdômen; Henrique, ao lado, também o fez.

— O senhor tem razão, doutor, é o fígado — disse o enfermeiro.
— Você bebeu muito?

— Sim, me embriagava todos os dias — confessou o preso.

— O órgão está maior do que o normal — diagnosticou o médico. — Enfermeiro, aplique nele este medicamento e explique como tomar estes comprimidos. Você preste atenção ao tomar o remédio; se não melhorar, em três dias, volte aqui.

Quando o preso saiu, o médico pediu para Henrique não chamar o próximo e comentou:

— Enfermeiro, você entende de doenças!

— Nem tanto, é que tenho prestado atenção no senhor. Posso às vezes até saber o que o consultado tem, mas não saberia medicá-lo. Depois, esse homem tem o apelido de Pé de Cana.

— É o abuso trazendo consequências — comentou o médico.

— Tudo tem retorno! — concluiu Henrique.

Um preso chegou carregado, levara uma grande surra. O médico lhe aplicou um analgésico e começaram a suturá-lo e a fazer os curativos.

— Vou examiná-lo para ver se há fraturas.

Doutor Michel começou a examiná-lo. Henrique o olhou e escutou a Voz.

— *Ele não fraturou nada, mas se machucou internamente. Precisa de repouso.*

O médico, após examiná-lo, constatou:

— Penso que não há fraturas, mas necessitaria de umas radiografias. O que aconteceu com ele? Você sabe, enfermeiro?

— Esse rapaz tem vinte anos. Chegou recentemente, foi condenado a nove anos. Escutei comentários de que ele matou um outro rapaz, que era seu amigo, mas ele alega que foi acidente. Parece que os dois estavam roubando. Então, os pais do jovem que faleceu querem vingança, pagaram para os companheiros de cela dele surrarem-no; trazem cigarros, dizem que até drogas e dinheiro, para eles fazerem isso, torturá-lo.

— Barbaridade! — exclamou doutor Michel. — Será que a prisão não é suficiente? Será que esses pais se sentem melhor fazendo a vida dele um inferno? Inferno não atrai inferno?

— Doutor Michel, deixe ele aqui, vou cuidar dele — pediu Henrique.

— Para ficar bem, voltar à cela e levar outra surra?

— Podemos, se o senhor quiser, resolver isso.

— Como? — o médico se interessou.
— Dizer a todos que ele morreu em consequência da surra. Peça ao diretor para transferi-lo. Para todos ele estará morto e ficará livre da vingança desses pais doentes de ódio. Quem sabe se esses pais, pensando que ele morreu, não se conformam?

O preso escutou calado; quando Henrique terminou de falar, o moço, que foi surrado, pediu:

— Posso falar?

— Sim, pode — autorizou o médico.

— Benício e eu éramos amigos mesmo. Começamos nós dois a nos drogar. Ele roubou do pai para comprarmos drogas, ele abria o cofre e pegava dinheiro: Benício se apavorou quando escutou o pai falar para a mãe que comprara uma casa, que ia pegar o dinheiro no cofre para pagar e que passariam a escritura em dois dias. Meu amigo ficou com muito medo, então resolvemos assaltar e pegar o dinheiro para ele colocar no cofre. Planejamos fazer isso numa mercearia do bairro. Fomos à noite somente com um pedaço de pau, não tínhamos armas. Não deu certo: o dono, por algum motivo, no julgamento disse que estava organizando uns papéis, nos surpreendeu, ele estava armado com uma pistola. Benício se apavorou e o atacou, fui defendê-lo, segurei a mão do proprietário e um tiro saiu e atingiu Benício, que caiu ferido e morreu. Contei isso muitas vezes. A versão do proprietário da mercearia foi que a arma era somente para nos assustar, ele não iria atirar e que fui eu quem apertou o gatilho. Os pais de Benício me acusaram de tudo, que fui eu quem prejudicou o filho deles, que o fiz tomar drogas, que planejei o assalto e que o matei. Meus pais, já cansados de mim, por ter lhes dado muitos problemas, concluíram que uns anos na prisão seriam o remédio que necessito. Não estou mentindo, Benício e eu éramos amigos, nos drogávamos juntos, foi ele quem pegou o dinheiro do pai e, com este dinheiro, comprava drogas, planejamos o assalto juntos.

— Você fica aqui esta noite. Vou ver o que consigo para você — decidiu o médico.

Henrique cuidou dele, conversou, aconselhou.

— Preso, fiquei sem drogas e sarei desse terrível vício. Drogas, nunca mais! Que lição complicada! Sofrida! — exclamou ele.

— Pense e encontre uma maneira de avisar seus pais que você não morreu, porque com certeza doutor Michel conseguirá ajudá-lo.

— Tive uma prima, Márcia, que faleceu; quando queria dar um recado para meus pais, o fazia em nome dela.

— Você escreverá para eles dizendo que devem ter recebido a notícia de que morreu e que foi enterrado pela penitenciária, mas que foi transferido para que os pais de Benício não o perseguissem mais e que demorará para escrever e, quando o fizer, será novamente em nome de Márcia. Eu escrevo para o hospital em que trabalhei, coloco sua carta no envelope e peço para colocarem a sua no correio.

Doutor Michel conseguiu, porque o diretor também não concordava com a prisão dele e ali com certeza não teria como livrá-lo da vingança dos pais do jovem que morrera. Assim, três dias depois, ele, coberto com um lençol, foi retirado do presídio, levado para outro e, para todos, ele falecera pela surra que levara.

Henrique ficou pensando nesses pais, os do moço preso, que desistiram dele por já ter dado muitas preocupações, aborrecimentos, sentiram vergonha do filho e acreditaram que a prisão seria uma correção. Que bom se fosse realmente uma correção, que fosse um aprendizado. Isso até ocorre, mas são raros os casos de recuperação real de uma pessoa em penitenciária. A prisão é reação de atos errados. Os pais de Benício deviam ter aceitado as falhas do filho, entendido e não culpar somente o outro, ter aceitado a desencarnação dele e tentado ajudar o filho na nova forma de ele viver, e não se concentrado em punir alguém. Com certeza, com as atitudes deles, fizeram o filho desencarnado sofrer, e todos sofreram mais, porque o rancor, o desejo de vingança fazem quem sente esses sentimentos não ter paz, errar, e todos os erros têm volta, então eles com certeza padecerão mais.

Cristina escreveu para Henrique contando que fizera o que ele pediu, colocou a carta no correio e o fez com dois livros de mensagens consoladoras.

Doutor Michel e Henrique estavam na enfermaria, o médico examinava um preso que estava num leito, quando escutaram um barulho, presos gritando, batendo nas grades. O carcereiro, que estava na porta, a abriu e alertou:

— Estamos tendo uma rebelião, estarei aqui na porta, vou trancá-la. Doutor, entre no cômodo!

Doutor Michel e Henrique entraram no quarto, trancaram a porta e se sentaram na cama.

— Aqui é abafado! Quente! — observou doutor Michel.

— É, sim, costumo deixar a porta do espaço do tanque aberta e somente fecho a porta deste quarto quando não confio em alguém que esteja internado.

Doutor Michel observou Henrique, que ficou encabulado.

— Enfermeiro, não entendo o porquê de você ter assassinado aquele homem. Pensava que poderia ter sido por impulso, mas, durante este tempo que está aqui comigo, não vi você ser impulsivo. Você matou?

— Não, doutor, não matei o senhor Olavo. Não menti. Não sou capaz de tirar ninguém da vida física — respondeu Henrique.

— Quem matou aquele homem? Quem foi o assassino na sua opinião?

— O casal ou um deles.

— Fala com tanta certeza... — opinou o médico.

— Não há outra explicação.

— Você tem mágoa deles, do casal, por terem-no deixado pagar por um crime que eles cometeram?

— Já senti, agora não mais, porque sei bem que pagamos pelos nossos erros — Henrique se expressou sincero.

— Minha mãe é espírita, eu gosto de ouvi-la e foi ela quem me pediu para chamá-lo para que me ajudasse na enfermaria. Sabe quem pediu isso a ela? Dona Maria, a do hospital. Atendi minha mãe e não me arrependo, você de fato tem me ajudado.

O médico se calou e ficou atento aos barulhos, eles tinham acabado. Henrique pensou:

"Há tempos não me lembro de Júlia. Ainda bem que me curei daquela paixão que somente podia ser doentia. Não sei se ficaram sabendo que fui preso e condenado, prefiro pensar que não sabem e que Deus os proteja. Dona Maria novamente me ajudou. Mil obrigados a ela e que Deus a proteja. Minha benfeitora!"

Escutaram a porta da enfermaria abrir e o carcereiro falar alto que tudo estava sob controle.

Os dois saíram do quarto. O carcereiro informou:

— Um grupo que estava vindo do pátio para as celas se rebelou, andou pelos corredores fazendo arruaças. Reivindicaram melhor alimentação, mais tempo no pátio e toque de recolher mais tarde. Houve algumas brigas, tivemos de usar corretivos, agora tudo está sob controle e todos nas suas celas. O diretor os escutou e resolveu que eles podem ter mais tempo no pátio, toque de recolher mais tarde e irá tentar melhorar a alimentação. Os carcereiros estão indo às celas ver se precisam trazer alguém para a enfermaria.

— Traga primeiro os mais feridos — ordenou o médico —, preciso ir embora no meu horário, tenho um compromisso; dos que estão com ferimentos leves, o enfermeiro cuidará.

Assim foi feito: foram muitas suturas, curativos, e Henrique ficou até duas horas da madrugada cuidando dos feridos.

No outro dia, doutor Michel levou um ventilador.

— É para você, enfermeiro. Pode ligá-lo no seu quarto para não sentir tanto calor.

Doutor Michel sempre levava lanche e, se não tinha ninguém na enfermaria, lanchava em sua escrivaninha; se tinha, ia para o cômodo. Passou a trazer para ele: doces, sanduíches, bolos, frutas e chocolates. Henrique agradecia, eram realmente mimos preciosos.

Henrique passou a trabalhar de dez a doze horas. Doutor Michel pediu que alguém fosse ajudá-lo na faxina, mas, enquanto ele estivesse na enfermaria, não queria ninguém além de Henrique lá. Assim, dois presos com bom comportamento iam auxiliá-lo em dias alternados; eles, sob a supervisão do enfermeiro, lavavam as roupas, limpavam o local.

— Os detentos estão aumentando muito, logo este presídio estará superlotado — concluiu doutor Michel —, estamos colocando doentes na outra parte.

Os ajudantes ficavam somente durante o dia, e Henrique atendia os doentes quando o médico não estava. Numa noite, o carcereiro levou um detento.

— Estou com muitas dores no abdômen — queixou-se o homem.

Ele se sentou na maca, o carcereiro deixou a porta encostada e ficou do outro lado. Assim que o preso se viu sozinho com Henrique, ordenou:

— Quero uma injeção para dores, algo forte, preciso de drogas. Tem comprimidos para dormir? Dê-me todos.

— Não tenho nada disso aqui — Henrique se sentiu ameaçado.

— Não acredito! Dê-me! É uma ordem! — O homem, embora falando em tom baixo, o fez de modo autoritário.

— O que tenho aqui de remédios são para vômito, diarreia e febre. Esses que me pede, somente o doutor pode dar. Essas medicações não ficam aqui.

— Parece que o enfermeiro não está entendendo. Eu quero! Ouviu?

Henrique e o médico tinham como pedir ajuda para os carcereiros, sempre tinha um na porta: bater o pé três vezes na estrutura da maca, que era de alumínio. Ele bateu.

— Falo a verdade. Não tenho essas medicações aqui.
— Pode pedir, não pode? — o preso insistiu.
O carcereiro abriu a porta.
— Está acontecendo alguma coisa aqui?
— Não — Henrique e o homem responderam juntos.
— Está demorado!
— Você — disse Henrique — volte amanhã e se consulte com o doutor. Não posso lhe dar nada de diferente do que tenho aqui.
— Se o enfermeiro o fizer, será castigado. E se você o estiver ameaçando, irá para o castigo. Ele estava, enfermeiro, o ameaçando?
— Não! — Henrique afirmou em voz baixa.
— Vamos indo! Para sua cela! — ordenou o carcereiro.

O preso o olhou e sorriu cínico. Henrique entristeceu-se, era difícil amar a todos ali como próximo, não que julgasse aquele preso um inimigo, não era, mas era difícil gostar de uma pessoa como aquela, que inspirava medo.

Ele não foi se consultar com o médico. Todos ali sabiam que doutor Michel não tolerava ameaça e, se ele reclamasse de alguém, o castigo era de um mês na solitária. Henrique não mentira, quando o médico precisava de medicações para dores, ele escrevia no receituário e o carcereiro buscava na diretoria. Ali, mesmo com o armário trancado, estavam remédios comuns para diversos incômodos.

O diretor mandou, para ajudar na enfermaria, um homem de vinte e seis anos que estava havia dois anos preso e fora estudante de medicina. Ele se drogava e matara a mãe, o padrasto e a avó materna. O pai não desistira dele, o visitava e estava sempre tentando ajudá-lo. Henrique sentiu medo dele, havia reclamações quando ele aplicava injeções. Conversava pouco, era arrogante, sentia-se superior por ter estudado medicina. Henrique queixou-se dele para doutor Michel:

— Doutor, sinto medo dele.

— Ele alegou — o médico explicou — que matou os três num ataque, que não se lembra direito do que ocorreu. Tenho estudado o assunto e concluí que drogas potencializam as tendências de uma pessoa. Um que se embriaga age diferente de outro: uns ficam chatos; outros, inconvenientes; há os que agem como valentões, ficam briguentos etc. Sobre os efeitos de tóxicos, também se diferem: uns roubam, outros não, porém penso que, não tendo tendência, não se assassina, mata. Pedirei para ele ser atendido por um psiquiatra, talvez ele deva ir para um hospital psiquiátrico.

Doutor Michel conseguia muitas coisas junto à diretoria, eram remédios e alguns benefícios. Esse jovem foi atendido por um médico psiquiatra, o pai dele conseguiu que mais dois médicos o atendessem, e ele foi transferido para um hospital judiciário. Foi um alívio para Henrique não tê-lo mais na enfermaria e, para ele, foi bom, porque faria um tratamento e poderia, após ser avaliado, se estivesse bem, ser libertado. Henrique desejou, orou para ele se curar.

Doutor Michel tirava férias todos os anos; quando isso ocorria, Henrique sentia muito e seu trabalho aumentava. A cada férias do médico, vinha, somente duas vezes por semana, outro médico, que era grosseiro e arrogante.

— Cuidado, enfermeiro, não quero aproximação; se matou, pode matar de novo, e que não seja eu.

Exigia que um carcereiro armado ficasse o tempo todo na enfermaria quando ele estava lá e não colocava as mãos nos detentos doentes.

Doutor Michel levava livros espíritas para Henrique ler; ele lia e, quando o local estava tranquilo, ia ao pátio, lá corria, andava e conversava, ficara conhecido, era o enfermeiro que, com paciência e cuidado, ajudava todos.

Foi à enfermaria, no horário que doutor Michel não estava, o Simplino.

— Estou com dores no estômago — queixou-se Simplino.

— Senhor — Henrique ficou contente por conhecê-lo —, há tempos queria agradecê-lo. Quando cheguei aqui, estava assustado, recebi o batismo, fiquei ferido, senti muito medo. O senhor deu ordem para que não mexessem comigo, todos o respeitaram. Muito obrigado! O senhor não quer se consultar com o doutor?

— Penso, enfermeiro, que você entende mais do que ele. Deixe-me olhá-lo — Simplino o observou. — Você não tem a mancha de assassino. Quem tira alguém da vida física tem manchas nas mãos e na cabeça. Você não as tem. De fato não errei, você não matou ninguém.

Henrique sorriu e fez algumas perguntas sobre as queixas dele.

— O senhor deve ter uma gastrite. Posso lhe dar este remédio, tome um comprimido em jejum e evite alimentos ácidos. Sei que aqui é difícil fazer regime alimentar, mas é o que podemos fazer.

— Existem remédios melhores para isso? — Simplino quis saber.

— Sim, tem.

— Escreva para mim, pedirei para minha filha me trazer. Estou escutando que você está certo — Simplino sorriu.

Henrique escreveu, como também fez uma lista de alimentos que agravariam os sintomas e os que poderiam aliviá-lo.

— Obrigado, enfermeiro! Vou lhe dizer uma coisa, logo você sairá daqui. Quantos anos faz que está aqui?

— Aqui já faz seis anos, também estive preso numa delegacia.

— Não ficará muito mais aqui — afirmou Simplino.

Ele se despediu e saiu.

Henrique se encabulou, o comentário de todos ali no presídio era que Simplino sabia o que ia acontecer, o futuro, que lia a sorte e, se o adivinhador afirmara que ele iria ser solto, ele então concluiu que iria desencarnar; somente desencarnado sairia logo. Escreveu para Cristina e pediu para a amiga que, se ele desencarnasse, para escrever para as irmãs dele, para informá-las que fora um enfarto e que fora enterrado na cidade do hospital, porém ele seria enterrado pela penitenciária porque pedira por isto; de fato o fizera, pediu por escrito para ser enterrado, quando falecesse, como indigente, porque não tinha família. Era assim que alguns desencarnados eram enterrados, quando o fato ocorria na penitenciária.

Havia muitos desencarnes na penitenciária. Alguns doentes em estado grave iam para um hospital na região e, normalmente, não voltavam; eram doentes de câncer e de algumas enfermidades cardíacas ou hepáticas graves. Tinha também casos de acidente vascular cerebral com sequelas, estes doentes eram liberados para a família cuidar e, se não tinham família, iam para algum asilo para idosos. Ali também havia desencarnes sem diagnóstico, porque não havia como se fazer exames, mas a maioria dos desencarnes era por assassinato e suicídio.

Conversando sobre isso, Henrique sugeriu para doutor Michel que pedisse para o diretor que lhes permitisse ter palestras sobre esse assunto com profissionais e religiosos. Para sua surpresa, talvez porque o diretor também estava preocupado, ele concordou e convidou pessoas que pudessem ir ao presídio. Um grupo de pessoas aceitou, iam e, no mesmo dia, davam duas palestras, porque dividiam os detentos em dois grupos. Henrique, sempre que possível, ia assistir. Iam médico psiquiatra, padre, pastor evangélico e palestrante espírita. E o índice de assassinato e suicídio caiu.

Henrique escutava muitos desabafos, principalmente de fatos íntimos, daqueles que tinham de ficar na enfermaria para tratamento. Eles gostavam porque ficavam em leitos mais confortáveis e tomavam banho com água quente.

Um homem se queixou de que era o remorso que o estava deixando doente. Contou:

— Estava com dívidas, nervoso por esse motivo, pegara dinheiro emprestado com um agiota e tinha de pagá-lo, sabia que era perigoso dever para ele e não tinha dinheiro. Aluguei um revólver, isto é possível, existem pessoas, isto bem escondido, que fazem isto, alugam armas. Paguei adiantado e fui assaltar um mercadinho, um funcionário reagiu e veio para cima de mim, me tirou o pano que havia colocado no rosto; atirei nele, que caiu, e eu corri. Escondi-me e fui capturado, esse funcionário faleceu, ele era casado e tinha um filhinho de dois meses. Fui condenado a vinte anos. Minha mulher se mudou do bairro, casou-se de novo, e minha filhinha tem o padrasto por pai. Meus pais não viram mais a neta, são eles que me escrevem e vêm me ver, mas são raras as visitas. Queria morrer, mas, depois que ouvi algumas palestras, resolvi que tenho de ficar preso e pagar pelo que fiz. Estou sentindo muitas dores nas costas, pernas e estômago.

"O remorso", concluiu Henrique, "é uma dor que não dá descanso, sossego, causa muito sofrimento, mas não devemos deixá-lo ser destrutivo".

Conversou muito com ele, tentou animá-lo e emprestou para ele dois livros espíritas. Henrique tinha alguns, Cristina mandava e doutor Michel levava, dizia que era a mãe dele quem mandava. Ele deixava os que já lera num canto na enfermaria.

Há tempos, pela idade, Henrique tinha dificuldades para enxergar; para ler, pegava uma lupa da enfermaria. Doutor Michel levara óculos para ele ver se enxergava com eles, e o enfermeiro disse que ainda não o fazia bem. O médico, dias depois, lhe levou um de presente.

— Comprei essa armação, que é bem forte, e mandei fazer a lente com mais grau do que aquele, que é de minha mãe e você experimentou.

Henrique ficou muito contente e agradeceu o presente; agora, usando óculos, lia os nomes dos remédios e livros com facilidade.

Foi, para ajudá-lo, Maqué, que não quis dizer seu nome, porque, segundo ele, não gostava, mas, pela ficha, Henrique ficou sabendo que ele se chamava Rirter. Contou que fora abandonado num orfanato, abrigo de menores, e lá foi criado. Quando saiu, arrumaram para ele um emprego e onde morar; ali ficou três anos, depois foi trabalhar numa casa de prostituição, onde era bem tratado e se afeiçoou àquelas mulheres. Elas tinham um cliente que as esnobava, quase sempre batia em uma, era debochado e as ofendia. Como ele era uma pessoa importante, elas aguentavam caladas, e ele nem sempre as pagava. Uma vez ele surrou mais uma delas, Maqué foi defendê-la e aproveitou para surrá-lo. Elas o esconderam, mas foi encontrado e preso, acusado de ter roubado aquele homem, que, de fato, roubara, pois pegara todo o dinheiro que ele tinha no momento. Na delegacia, antes de ser julgado, brigou com outro preso, o empurrou com força, e ele caiu, bateu a cabeça e faleceu. Não ia ficar muito tempo preso.

Henrique e Maqué se tornaram amigos e, sempre que podia, falava para o carcereiro que Maqué tinha de ficar à noite para ajudá-lo, e ele dormia em alguma cama. Também passou a repartir com ele os alimentos que doutor Michel lhe trazia.

Às vezes, à noite, Henrique lia um texto de *O Evangelho segundo o espiritismo*. Orava todas as noites; se tinha alguém internado, o fazia em voz alta, depois convidava alguém para fazer uma oração e, no seu quartinho, orava mais.

Uma vez, ao convidar um interno a orar, escutou:

— Meu Deus do Céu, peço-lhe proteção, perdoe meus pecados, mas não perdoe os de Keiton, ele não merece. Cuide da minha mãe por mim, por favor. Obrigado! Ah, que eu sare logo e que Martinha venha me ver, porque estou com saudades. Amém!

Findas as orações, Henrique perguntou a ele:

— Por que você pede perdão a Deus, mas pede para Ele não perdoar esse Keiton?

— Enfermeiro — ele sorriu —, você não leu nesses seus livros que Deus nos perdoa, mas que temos de pedir? Eu pedi, ele não. Então Deus me perdoa e não a ele, que não pediu.

— Como sabe que ele não pediu?

— Se tivesse pedido era porque se arrependeu e, se tivesse se arrependido, ele teria contado que foi ele quem roubou e não eu, pois somente o acompanhei. Entendeu?

Henrique concordou com a cabeça. Ele ainda havia acompanhado o outro no roubo, julgava-se inocente. Ele não matara, não ajudou e também estava ali. Sentiu, naquele momento, que tinha de perdoar, e de modo sincero, Júlia e Sérgio. Orou com fervor e conversou com Deus.

— Deus, eu perdoo quem matou o senhor Olavo e me deixou, sabendo que sou inocente, preso. Perdoo e vou orar para eles.

Desejou na oração que eles estivessem bem. Deitou-se tranquilo e em paz.

Cristina escrevia sempre, ele respondia, contava casos que ocorriam ali. Elisa, Mariano e Lúcio às vezes escreviam. Cristina continuou mandando as cartas das irmãs e colocando no correio as que ele respondia, isto era de quatro a cinco correspondências por ano. As irmãs não sabiam que ele estava preso e pensavam que ele continuava trabalhando no hospital.

Ouvia somente de vez em quando frei Artur, a Voz, era quando pedia ajuda para entender um enfermo ou quando orava no seu quarto.

— *Boa noite, Ique! Durma bem, descanse!*

Uma vez, ao escutá-lo, ele perguntou:

— Frei Artur, o senhor tem estado aqui. Está preso comigo?

— *Com você sim, preso não. Venho muito vê-lo, tento ajudá-lo e também muitos outros que sinto necessitados e receptivos. Trabalho aqui e ficarei no período em que estiver. Como não durmo ou me alimento, não tenho preocupações de encarnados, meu tempo é preenchido com ajudas, aqui estou por sua causa, mas trabalho em outros lugares.*

— Obrigado, amigo! Posso chamá-lo de "amigo"?

— *Sim: "amigo", "irmão", "protetor", "guia", como quiser; na realidade, somos companheiros de trabalho.*

— Que bom tê-lo comigo!

— *Boa noite, Ique!*

— Boa noite!

Era raro, mas tinha alguns acidentes na penitenciária, como cair da beliche, tombos, lesões nos jogos do pátio e, quando aconteciam fraturas, iam para o hospital, onde tiravam radiografias e engessavam.

Com muito trabalho na enfermaria, um preso que trabalhara como enfermeiro foi ajudar e aprender com Henrique, que, com paciência, mostrou como deveria fazer o trabalho. O trabalho de Henrique, com dois ajudando na limpeza e outro aprendendo como enfermeiro, diminuiu, mas nem tanto, porque gostava do que fazia e o trabalho era a melhor terapia.

Era de tarde, doutor Michel não estava, chegou um moço sendo carregado.

— Ele machucou o tornozelo, não sabemos se fraturou, caiu do segundo andar — explicou um companheiro de cela que ajudara o carcereiro a levá-lo.

Colocaram-no na maca. Henrique olhou o tornozelo dele, que começava a inchar. Cama, no segundo andar, era a de cima; estas eram de armações de concreto com colchonetes.

— Distraí-me ao descer e caí — contou o moço.

Para saber se tinha ou não fraturas era pela radiografia.

— João — Henrique se referiu ao carcereiro —, ele terá de ficar aqui, vou enfaixar, lhe dar um remédio, não poderá colocar o pé no chão. Amanhã cedo o doutor estará aqui e será ele quem determinará o que fazer.

— Tudo bem: ele fica e você vai — referiu-se ao que ajudou a trazê-lo.

— Obrigado, enfermeiro. Será que antes posso tomar um banho quente? Não quero sujar a cama, que parece estar limpa.

— Tudo bem. Tome este remédio, sentirá menos dor. Vou colocar uma cadeira debaixo do chuveiro.

Henrique o ajudou, depois enfaixou o tornozelo dele e o colocou na cama.

— Chamo-me Ricardo — apresentou-se o moço. — Ainda bem que poderei ficar aqui esta noite. Caí do andar de cima porque dormi e sonhei com meu irmão, que brigávamos, e, quando percebi, estava no chão e senti dor.

Henrique se sentou numa cadeira ao lado do leito dele, escutou, deu atenção àquele jovem.

— Tenho vinte e dois anos, estou aqui há seis meses, fui condenado a quatro anos. Matei meu único irmão — o jovem entristeceu-se.

— Ricardo, quando cometemos atos errados, temos de pedir perdão — aconselhou Henrique.

— Meus pais são pessoas boas, tiveram dois filhos, eu e meu irmão. Nós dois sempre brigamos, fomos corrigidos por castigos, algumas palmadas, com prêmios se não brigássemos, mas não adiantou. Quando não era eu a provocá-lo, era ele quem começava a discussão. Na adolescência, chegamos a nos machucar com as agressões. Ele era um ano e sete meses mais novo que eu, e mais forte, comecei a levar desvantagem nas desavenças. Na nossa casa, havia dois quartos; numa época, papai dormia comigo, e mamãe, com ele. Não tínhamos amigos em comum, cada um tinha sua turma, e costumávamos ir a lugares diferentes quando saíamos. Num dia, brigamos na rua, então comprei um revólver e fui ao quarto, ele estava dormindo; eu o acordei e, quando isso ocorria, trocávamos socos, mas não o esperei reagir, atirei nele, o matando. Mamãe se desesperou, papai pediu para eu me esconder, ir para nosso sítio e ficar na gruta. Foi o que fiz. Enterraram meu irmão. Passado o período do flagrante, papai me buscou e eu me apresentei. Foi um período complicado, os amigos sumiram, a família me criticou. Papai e mamãe sofreram e sofrem muito ainda. Decidiram: um morreu e o ajudariam com orações, e eu, o que restou, iam ajudar também. Contrataram um bom advogado. Eu fiquei no sítio e trabalhei muito, o trabalho pesado me distraía, temia ser condenado. No julgamento, meus pais me defenderam, mentiram que meu irmão ameaçava que ia me matar e que foi um acidente, que lutamos e o revólver disparou, só não disseram que a arma era dele porque tinha testemunha de que fora eu a comprá-la. O juiz deu uma lição de moral nos meus pais, com certeza percebeu que eles mentiam. Arrependo-me muito de ter matado meu irmão. Brigávamos tanto que às vezes sonho com nossas brigas.

— Ricardo — aconselhou Henrique —, peça perdão ao seu irmão e aos seus pais.

— Já fiz isso muitas vezes, e de coração — Ricardo deu um longo suspiro.

— Com certeza logo você sairá daqui, mas, enquanto estiver, tente, esforce-se para ter bom comportamento, não interfira em brigas e seja um bom filho para seus pais. Escreva para eles, não reclame para não preocupá-los, repita sempre que os ama e, quando sair, seja o melhor filho do mundo, não esqueça que você os fez sofrer muito, pela morte de um filho e por você estar preso.

— Quero fazer isso mesmo! Não irei esquecer do meu propósito. Obrigado, enfermeiro! Quando sair daqui, irei ser o melhor filho do mundo para eles.

— Espero que não esqueça mesmo, Ricardo. Você foi o responsável por eles sofrerem, cabe a você lhes dar alegria. E, quando sonhar com seu irmão, não revide, diga que o ama e peça perdão.

— Uma vez sonhei com ele, que me pediu perdão e me abraçou. Como faço para interferir no sonho?

— Se você pensar muito que quer o perdão dele, que quer amá-lo, com certeza, ao dormir, sonhará com isso.

— Vou tentar! — Ricardo exclamou esperançoso.

Henrique foi para seu quarto, o deixando dormindo.

No outro dia, doutor Michel o mandou para o hospital para umas radiografias; ele não tivera fraturas, mas uma lesão, e ficou cinco dias na enfermaria. Henrique o aconselhou muitas vezes, ele escreveu uma carta linda para os pais, agradecendo, pedindo perdão e prometendo ser um bom filho.

Henrique pensou que os dois irmãos com certeza não conseguiram se reconciliar, perderam uma grande oportunidade, ainda mais que reencarnaram num lar de pessoas boas. Que pena quando se perde uma oportunidade assim! Desejou que Ricardo cumprisse sua promessa e se tornasse um bom filho. Naquele dia, sentiu muitas saudades de seus pais.

Doutor Michel contou para Henrique que iria se demitir daquele emprego.

— Enfermeiro, tenho um consultório, mas não tenho muitos pacientes; trabalhando aqui, tenho um ordenado. Guardei dinheiro e irei fazer um curso de especialização, assim poderei atender mais e ganhar melhor. Tanto meus pais como minha esposa se preocupam comigo clinicando aqui, eles temem uma rebelião e eu ficar como refém. Aqui aprendi muito, mas penso que é hora de eu fazer realmente outra coisa.

— Sempre — disse Henrique —, em qualquer lugar em que estejamos, podemos fazer atos bons. Dona Maria me disse isso quando se despediu de mim. Não pensei ser possível, mas aqui, preso, não fiz tudo o que queria, porém fiz o que me foi possível.

— O que não fez? O que queria ter feito e não fez? — O médico ficou curioso.

— Ter aconselhado mais, porém aqui é perigoso dar palpites, poderia estar sem os dentes. Tenho aconselhado somente os que penso serem receptivos. O que pude e tenho conseguido fazer é ser um bom enfermeiro.

— Confesso, enfermeiro, que já senti medo por você trabalhando aqui. Não é fácil ser uma pessoa boa entre aqueles que agiram errado.

— Lembrando dona Maria — recordou-se Henrique —, é fácil ser bom entre os bons, o difícil é ser bom entre os que ainda não o são.

— Para mim é mais fácil, estou aqui cinco dias por semana, por seis horas, e você, todos os dias e vinte e quatro horas.

— Tudo passa! — exclamou Henrique.

— E como! — o médico suspirou.

— Doutor Michel, sentirei sua falta; desejo que tudo aconteça como deseja e que o outro médico seja bondoso como o senhor.

Henrique sentiu, ficou apreensivo com a notícia, gostava e era grato ao doutor Michel, mas com certeza seria melhor para ele.

"Espero que o outro médico seja uma pessoa boa e que me aceite como ajudante. Será muito triste ter de voltar a uma cela. Mesmo aqui, numa rotina, existem mudanças, e os fatos mudam."

10
Liberto

O médico havia estado na enfermaria pela manhã e à tarde foi um detento com um corte de quinze centímetros na coxa esquerda.

— Bati na quina da beliche — explicou o ferido.

Henrique e Juliano, o outro preso que estava aprendendo enfermagem, se olharam e nada comentaram. Primeiro, as beliches não tinham quinas, eram arredondadas nas pontas. Segundo, o corte fora feito por algo cortante. Com certeza fora ferido numa briga e, nesses casos, o melhor era não levar adiante, para a cela não ser revistada, o agressor ir para a solitária e a rixa continuar piorando muito. Ensinando Juliano, Henrique limpou o ferimento, o anestesiou e suturou; quando acabou, um carcereiro entrou na enfermaria.

— Enfermeiro, tenho de levá-lo, você tem visita.

— Visita? — Henrique se admirou. — Hoje é dia de visita?

— Não — responderam Juliano e o ferido.
— Vamos já! — ordenou o carcereiro. — Arrume-se.
— Posso acabar aqui?
— Não! É para irmos agora — determinou o carcereiro.
Henrique deu instruções para Juliano.
— Deixe-o aqui; quando voltar, verificarei se está certo. Você terá de tomar uma injeção.

Ele foi ao banheiro, lavou as mãos, o rosto e trocou a blusa do uniforme.

"O que será que aconteceu? Desde que fui chamado e levado para receber aquela surra, sinto-me intranquilo quando isso acontece. Se é para ir, é melhor ir logo."

Acompanhou o carcereiro.

— Visita fora de hora! Você sabe quem é? — perguntou Henrique.

— Penso que é um advogado. Não se preocupe, não é nenhum castigo. Você é benquisto por aqui.

Entraram numa sala onde se recebiam algumas visitas. Lá estava somente um moço bem vestido, sentado. Henrique se aproximou. O moço o olhou, sorriu e se apresentou:

— Oi, Henrique. Sou Nelson...
— Nelsinho?! O filho do senhor Nelson? — Henrique se admirou.
— Sou eu mesmo. Estudava naquele tempo em que cuidou de papai. Formei-me, sou advogado. Vim aqui para lhe dar uma ótima notícia. Uma pessoa confessou que matou o senhor Olavo; assim sendo, você é inocente. Cristina e eu combinamos que, para agilizar sua saída daqui, eu seja o seu advogado; para isso, primeiro você terá de me aceitar; segundo, assine estes papéis. Entrarei com o processo de imediato, o juiz que o condenou será o mesmo que conduzirá este processo, por isso penso que ele agilizará.

Nelsinho falou organizando os papéis e aí olhou para Henrique, que estava estupefato e abriu mais os olhos e a boca ao acompanhar as explicações do moço.

Tudo Passa

— Você está entendendo? — o advogado perguntou.

— Mais ou menos. Desculpe-me, mas estou surpreso. Você está dizendo que o assassino confessou que matou o senhor Olavo e que você está aqui para me libertar?

— É isso mesmo. Não está contente?

Henrique demorou dois segundos para falar e perguntou:

— Quem matou? Os dois ou um deles?

— Não foi o casal — respondeu Nelsinho. — Foi o senhor Odorico!

— O quê?! — Henrique engasgou.

O advogado esperou ele parar de tossir para explicar:

— A pessoa que assassinou o senhor Olavo foi o senhor Odorico.

— O vizinho e benfeitor do hospital? Tem certeza? — Henrique queria entender.

— Esse mesmo. Não tenho muito tempo, logo terei de ir embora, o horário da visita terminará. Penso que dentro de três a quatro dias poderei vir buscá-lo e sairá daqui. Para defendê-lo, tem de assinar estes papéis. Aqui, por favor.

— É... que... não tenho dinheiro — Henrique gaguejou.

— Meu pai gostava muito de você. Não vou cobrar nada, não se preocupe.

— Obrigado!

Henrique assinou, Nelsinho conferiu.

— Você disse que foi o senhor Odorico? Tem certeza? Ele será preso?

— É natural que se espante — explicou Nelsinho. — Fomos todos surpreendidos. O senhor Odorico não será preso porque morreu. O tempo acabou, o carcereiro está dando sinal. Você quer alguma coisa?

— Você falou que em poucos dias serei liberto? Que vem me buscar? Não tenho roupa para ir embora, engordei, a roupa com que vim não me servirá.

— Pedirei para Cristina e trarei para você! Puxa! Estou contente! É bom tirar um inocente da prisão! Até mais!

O carcereiro aproximou-se, Henrique levantou-se e agradeceu novamente.

— Obrigado!

Acompanhou o carcereiro; por momentos teve dúvidas se estava acordado ou se sonhava.

— Enfermeiro, que bom, hein? Sairá logo daqui! Inocente!

— Sim... sim...

Na enfermaria, verificou se seu ajudante fizera o curativo correto, aplicou uma injeção no detento e deu remédio para ele tomar.

— Há perigo de a briga continuar? — perguntou ao ferido.

— Não, resolvemos.

— Então pode ir — Henrique o liberou.

Entrou no seu quarto, foi ao banheiro e chorou, estava se sentindo confuso. Lavou o rosto e voltou ao trabalho. À noite, ao ficar sozinho, orou e chorou bastante. No outro dia, assim que doutor Michel entrou na enfermaria, disse:

— Doutor, preciso falar uma coisa para o senhor.

O médico se sentou, convidou Henrique a se sentar à sua frente e pediu para Juliano ir para o fundo da enfermaria.

— Doutor Michel, ontem recebi a visita de Nelsinho, o doutor Nelson, advogado, que veio me dar a notícia de que o assassino do senhor Olavo confessou e que serei libertado. O advogado irá me ajudar, trouxe uns papéis para que eu os assinasse. Estou surpreso até agora. O assassino é o senhor Odorico, um benfeitor do hospital.

— Ele não é um industrial importante, conhecido?

— É, sim — afirmou Henrique.

— Ouvi comentários, mas de que ele matou a esposa.

Doutor Michel não residia na cidade do hospital, mas em outra perto. Após um instante em que os dois ficaram calados, o médico exclamou:

— Nossa! Que notícia! Enfermeiro, você errou, e eu errei. Eu, por ter pensado que você era um assassino, e você por ter achado que fora o casal ou um deles. Desculpe-me!

— O senhor tem razão, julgamos erroneamente.

— Mas o que aconteceu? — o médico quis saber.

— Não sei. Nelsinho é o filho do senhor Nelson, uma pessoa boa, de quem cuidei como enfermeiro, na época ele estudava. Assim que ficou sabendo, ele conversou com Cristina, uma amiga minha, e decidiu advogar em minha defesa.

— E o assassino?

— Morreu — Henrique foi lacônico.

— Como?

— Não sei. Nelsinho não pôde falar muito, o tempo da visita terminou. Pelo que ele me disse, sairei logo, de dois a três dias.

— Alegro-me por você! Pensei que iria deixar o emprego e deixá-lo aqui, mas sairá primeiro que eu. Fará falta, enfermeiro. Não respondeu às minhas desculpas — o médico o olhou.

— Doutor Michel, sou muito grato ao senhor. Nada tenho de desculpar. Se o que Nelsinho afirmou acontecer e se o senhor chegar aqui e não me encontrar, por ter ido embora, saiba que irei contente e muito grato ao senhor.

— O que irá fazer quando sair daqui? Já pensou nisso?— perguntou o médico.

— Irei para o hospital e lá ficarei por uns dias, voltarei para minha cidade natal, tentarei arrumar um emprego.

Foram trabalhar. Após o médico ter ido embora, Henrique contou aos companheiros, os que trabalhavam ali, o que acontecera. Alegraram-se por ele, e Juliano exclamou:

— Fará falta, enfermeiro!

Ele pediu ao carcereiro para levá-lo à cela em que estivera. Ali ainda tinha alguns que foram seus companheiros. Foi e contou a eles. Pica alegrou-se.

— Pica — pediu Henrique —, quando você vir o senhor Simplino, conte para ele, diga que, como sempre, ele acertou e que eu o agradeço.

— Pode deixar, dou o recado.

— Posso lhe dar um conselho? — perguntou um detento que não fora companheiro dele quando ali estivera.

— Por favor — pediu Henrique.

— Peça indenização. A justiça condenou um inocente. Ficou preso indevidamente. É um direito seu. Processe o Governo, a Justiça, pela injustiça.

— Isso é possível, enfermeiro! — opinou Pica.

— Obrigado, companheiro, pelo conselho. Farei isso! — agradeceu Henrique.

— Enfermeiro, você fará falta na enfermaria, para nós. Obrigado! — um detento se emocionou.

Voltou à enfermaria. Estava eufórico, seus sentimentos estavam confusos. Lembrou-se que, em todos os lugares em que estivera, ao ir embora, ouvira que faria falta e lamentaram sua ida.

"Graças a Deus", pensou, "que eles pensam que farei falta, que sentirão minha ausência. Seria muito triste se fosse o contrário, se as pessoas se sentissem aliviadas com minha partida. Conhecemos mesmo as pessoas quando isso ocorre, quando partem: os bons sempre fazem falta, e a partida dos maus causa alívio, por eles não fazerem mais parte de nossas vidas".

Esforçou-se para trabalhar como sempre. Passou o primeiro dia; no segundo, ficou em alerta; no terceiro, se sobressaltava com qualquer barulho; era sexta-feira e, às dezesseis horas, o carcereiro entrou na enfermaria e falou alto:

— Vim buscá-lo, enfermeiro!

Ele havia decidido não levar nada. Deixou os livros num canto da enfermaria. Talvez Juliano dormisse no seu quartinho, deixou-o arrumado. Pegou somente seus óculos, despediu-se dos companheiros que lá estavam e seguiu o carcereiro. Passou por um escritório, encontrou Nelsinho, assinou uns papéis, passaram por corredores e, numa sala, o carcereiro disse:

— Troque de roupa, enfermeiro.

Deu as roupas com as quais chegara ali, e Nelsinho lhe deu uma sacola; nela havia uma calça e uma camisa. Ele se trocou e informou:

— Vou deixar estas aqui, talvez um preso que, como eu, não consiga se vestir com as que veio possa usar.

O carcereiro os acompanhou até o último portão. Do lado de fora, Henrique olhou o prédio; quando chegou, não o fez, viu o tanto que era grande e bem fechado.

"Realmente", pensou, "aqui passei por momentos difíceis e, quando isso ocorre, sentimos o tempo passar mais lento, mas passa. Passou..."

Acompanhou Nelsinho, entraram no carro e partiram. Após uns vinte minutos em silêncio, Nelsinho perguntou:

— Prefere ficar calado?

— Estou me esforçando para acreditar, temo estar sonhando e acordar. Não esperava esse acontecimento. Sou inocente e sabia que não matei o senhor Olavo, pensava que, se quem matou não falou na época, não ia confessar mais, e que eu iria desencarnar na prisão.

— Quanto tempo ficou preso? — perguntou Nelsinho.

— Oito anos, três meses e dezessete dias. Estou com cinquenta e quatro anos, logo completarei cinquenta e cinco.

— Você não está sonhando. Vou parar nesse posto, tomar um café. Vem comigo?

Henrique sentiu vontade de tomar café, mas não tinha dinheiro. Nelsinho percebeu e convidou:

— Venha comigo. Pago-lhe um café.

Desceram e Henrique deliciou-se com um cafezinho feito na hora, quente, forte, e comeu um pãozinho com manteiga.

Seguiram viagem e foi Nelsinho quem falou, deu notícias de sua família. A mãe se casara de novo, o padrasto era boa pessoa.

Ele e os irmãos se casaram, ele tinha um casal de filhos. Chegaram; na frente do hospital ele buzinou e saíram, no portão, para esperá-los, os amigos. Henrique desceu, abraçou e foi abraçado, não conseguiram dizer nada. O recém-chegado chorou. Nelsinho foi embora.

— Ique — determinou Cristina —, vamos entrar, levarei você para um quarto onde poderá tomar banho e, após, jantaremos. Seja bem-vindo, amigo!

O recém-chegado estava tão emocionado que não conseguia falar. Acompanhou Cristina até o quarto. Tomou banho chorando; em cima da cama estava outra calça e camisa, vestiu-se e foi para o refeitório. Uniram mesas e ali estavam os amigos, Lúcio, Mariano, Elisa, Cristina e outros.

— Ique — advertiu Cristina —, não precisa comer depressa nem pôr os braços na mesa. Use os talheres.

— Sim — Henrique sorriu. — Cristina, por favor, me alerte: eu... preciso voltar a ter bons hábitos.

Um costume na penitenciária era colocar os braços em torno do prato, isto para evitar que alguém tirasse de seu prato, da bandeja, as misturas, carnes, legumes, frutas. Não se usavam talheres como faca, garfo, normalmente era somente colher. Henrique se sentou ereto, tentou se lembrar de como usar os talheres e comer devagar. Havia se acostumado a se alimentar rapidamente.

Foi uma refeição prazerosa. Após, foram ao pátio. Cristina reuniu todos para fazer uma prece de agradecimento. Ela leu o capítulo vinte e oito, item vinte e oito, de *O Evangelho segundo o espiritismo,* "Graças por um favor obtido". Após a leitura, ela agradeceu pelo amigo estar com eles. O recém-chegado chorou.

— Desculpem-me, estou muito emotivo. Agradeci, mas quero, ao me sentir bem, agradecer mesmo, formalmente.

— Como? Não entendi — Elisa sorriu.

— Já expressei, e de coração, obrigado a Deus, a Jesus, a Maria, mãe de Jesus, aos bons espíritos, a frei Artur, à dona Maria, mas quero, quando me sentir bem com minhas emoções, agradecer de novo, formalmente. Agora, quero agradecê-los, não calculam o tanto que vocês me acalentaram, consolaram, com suas cartas e mimos. Obrigado, amigos!

Henrique chorou novamente. Cristina orou um Pai-Nosso e encerraram o ato de gratidão.

— Cristina — pediu Henrique —, conte para mim o que aconteceu. Nestes anos, tinha a certeza de que foram Júlia e Sérgio quem cometera aquele crime. Nelsinho não detalhou o que aconteceu. Surpreendi-me com a notícia que fora o nosso benfeitor. Como isso ocorreu? Vocês sabem?

— Ique — coube a Cristina elucidá-lo —, todos nós ficamos surpresos com a notícia. Você sabe o tanto que o nosso vizinho ajudou o hospital e continuou nos auxiliando. Ele ficou doente, estava com câncer, desencarnou e, três dias depois, dois amigos dele que participaram de um documento, foram testemunhas, mais o médico que cuidou dele deram a notícia. Há tempos, o senhor Odorico escrevera uma carta contando o que havia feito. Doente, fez um documento com as testemunhas, isto quando sua enfermidade se tornou grave; ele escreveu alguns textos, outros ditou, confessando que matara o senhor Olavo por ele estar fazendo chantagem. Contou que, naquela tarde, ele seguiu o senhor Olavo, viu que entrara na casa em que o casal morava e entrou pela janela, que estava aberta; ele estava armado com um revólver, mas viu uma faca que estava na pia, o esfaqueou e saiu novamente pela janela, o deixando caído. Na primeira carta explicou com detalhes.

Cristina fez uma pausa, Henrique estava atento. Ela continuou a contar:

— O senhor Odorico explicou tudo. Penso que escreveu uma carta e a deixou fechada, com um amigo, para abri-la após sua morte, talvez com receio de desencarnar de repente. Nela, ele explicou que estava casado quando conheceu a segunda esposa e se enamorou perdidamente, ela trabalhava com ele, mas era honesta, muito religiosa; embora também o amasse, não queria ter nada com ele, não queria se envolver com homem casado nem separado. Então ele, apaixonado, quis ficar viúvo. O senhor Odorico conhecia o senhor Olavo há muitos anos, eram vizinhos, e sabia que o senhor Olavo não era honesto como aparentava e era capaz de fazer atos ilícitos por dinheiro. Então ele contratou o vizinho para matar a esposa e fazer parecer que fora um acidente. Os dois planejaram. A primeira esposa do senhor Odorico ia normalmente duas vezes por mês ao convento visitar uma prima, numa viagem de quarenta e cinco minutos a uma hora e, para chegar lá, a estrada, naquela época, era de terra batida e muito perigosa. O convento fica em cima de um morro. O senhor Olavo se escondeu no banco de trás do carro dela e, num trecho muito perigoso, numa curva em que de um lado havia um penhasco, ele atingiu a cabeça dela com um pau. Ela dirigia devagar; ele pulou para o banco da frente, virou o pescoço dela, certificou-se de que estava morta, saiu do carro e o empurrou no penhasco. O carro caiu, e ele, rápido, saiu dali, pegou a bicicleta que havia escondido e foi embora por uma trilha. Horas depois encontraram o carro com a mulher morta dentro. Ninguém desconfiou, deduziram que ela se sentira mal ou que se distraíra e não fizera corretamente a curva. Para todos foi um acidente. O senhor Odorico ficou viúvo; meses depois assumiu o namoro, noivou e se casou novamente. Os três filhos gostaram, gostam, da madrasta e tudo ficou bem. Para fazer esse trabalho, o criminoso recebeu muito dinheiro. Mas sempre há um "porém" quando se age errado. Anos depois, o senhor Olavo, endividado, porque dinheiro mal ganho é mal gasto, começou a chantagear o mandante, que pagou, porém resolveu pôr um fim na chantagem. Começou a seguir seu vizinho e entendeu que ele estava interessado em Júlia e que costumava ficar na horta a olhando. O senhor Odorico estava sempre armado, mas não queria matá-lo com sua arma, e a oportunidade surgiu; naquela tarde o seguiu, viu que o chantagista entrara na casa de Júlia e ele entrou também pela janela. Como o nosso benfeitor estava vigiando, ele vira que o casal saíra pela janela, por isso ele calculou que o crime não seria solucionado e que na casa não teria ninguém. Ele entrou pela janela, pegou a faca, matou e fugiu pelo mesmo lugar. Ele escreveu que pensou que ninguém seria preso, que sentiu que uma pessoa fora condenada, mas que não podia ajudar, não queria ser ele o preso. O criminoso terminou a carta assim. Concluímos que Júlia e Sérgio saíram da casa pela janela, quiseram ir embora sem serem vistos e foi pela janela que deixaram aberta que o assassino entrou na casa, saiu e não foi visto.

— Não sei o que falar, continuo pasmo! — expressou Henrique. — É inacreditável! Como pôde me deixar preso sabendo que era inocente? Agora entendo por que Júlia e Sérgio não voltaram: se souberam da minha prisão, devem ter pensado que fui eu mesmo o assassino, já que não foram eles.

— Foi isso o que aconteceu — completou Cristina sua narrativa. — Não consigo entender o nosso vizinho, de fato ninguém é tão mau que não tenha algo bom em si. O senhor Odorico mandou, planejou a morte da primeira esposa e depois ele mesmo matou seu cúmplice e deixou um inocente ficar na prisão; confessou, mas foi após sua desencarnação. Mas agora vamos fazer planos. Amanhã iremos fazer compras, de roupas e calçados para você. Ainda tenho o dinheiro que me pediu para guardar, será este que gastaremos. E temos uma surpresa. O senhor Odorico sempre pagou os encargos trabalhistas do hospital, o fez até o mês passado, pagou para você que, pelo tempo de contribuição, já era para estar aposentado. Doutor Nelson cuidará disso e você se aposentará.

— Ele pagou minha aposentadoria? — Henrique se admirou.

— Sim, pagou.

— Surpreendo-me cada vez mais! — Realmente, o recém-saído da prisão estava surpreso.

— Penso que ele, ao escrever a carta, sabia que você sairia da prisão e quis garantir sua aposentadoria.

— Será que ele não pensava em mim, que estava preso em seu lugar? — Henrique se encabulou.

— Você o perdoou? — Cristina quis saber.

— Eu havia perdoado Júlia e Sérgio que, para mim, eles que haviam matado. Perdoo, sim. Perdoo o senhor Odorico, nem sei se ele quer ou não o meu perdão, mas o faço porque já fui perdoado. Estou surpreso porque são muitas informações.

— Vamos desejar que o assassino queira o perdão, que seja perdoado e que ele possa ser ajudado, porque ajudou muito — disse Cristina.

— E a família do senhor Olavo, como está? — Henrique quis saber.

— Eles acreditavam que você era o assassino — respondeu Cristina. — Há dois anos eles venderam a casa, dividiram o dinheiro, a esposa dele foi morar com uma filha, não estão bem financeiramente. E nestes dois anos não os vimos. Um funcionário nosso é vizinho da ex-esposa dele, contou que eles ficaram surpresos, mas que não acreditaram que ele tivesse assassinado alguém. Penso que, para eles, não fará diferença quem matou. O fato é que, da maneira dele, desonesto, o senhor Olavo era o provedor da família.

— Você quer contar para nós como foi ficar estes anos preso? — perguntou Elisa.

— Tentei não reclamar nas cartas, penso que não quero fazer agora. Dona Maria me ajudou, ela quem pediu para a mãe do doutor Michel para que eu fosse ajudá-lo na enfermaria. Com certeza, se isso não tivesse acontecido, teria sido muito, mas muito, pior. O trabalho é uma benção; trabalhando, me distraía, pude ajudar muitos ali, quem ajuda é ajudado com certeza.

Agora, aqui, com amigos, estou bem, não quero me lembrar daquele período que, graças a Deus, passou.

— Não quer nem recordar? — Elisa insistiu.

— Não posso esquecer, mas não quero cultuar essas lembranças. Ficou para trás.

— Posso acertar seu cabelo? Está muito curto, mas posso acertar para crescer e ficar como gostava — ofereceu-se Elisa.

— Por favor, quero, sim.

Elisa tirou uma tesoura e um pente do bolso e, minutos depois, Henrique estava com os cabelos acertados.

— Nossa! Ficou bem melhor — Henrique sorriu ao olhar no espelho.

— Vamos dormir, já é tarde. Boa noite! — determinou Cristina.

Embora Henrique tenha tido um dia diferenciado, cheio de novidades e emoções, ele adormeceu assim que se deitou e orou. No outro dia, logo após o desjejum, ele andou pelo hospital e o achou modificado; como Cristina lhe escrevera, não havia mais tantos enfermos, mas idosos e outros com outras enfermidades. Lembrou-se de Petrás, de dona Maria e de muitos outros; foi à horta, ali estava como sempre, com verduras e legumes bonitos e o galinheiro. A casa que Júlia morava era agora um depósito de utensílios usados na horta. O banco de cimento estava lá, mas sujo, demonstrando que ninguém se sentava mais nele.

"O tempo passa modificando...", concluiu ele.

Cristina saiu com ele, foram a uma loja de calçados. Ele estava com um chinelo de borracha.

— Este tênis, este chinelo, estes dois sapatos e estas meias — Cristina separou.

— Não são muitos? — perguntou Henrique.

— Vamos levar estes. Coloque este sapato e guarde na sacola o chinelo.

— O senhor não é o preso inocente? — indagou a vendedora.

Henrique ficou sem saber o que responder, Cristina o fez por ele:
— É!
A vendedora se afastou e logo três pessoas o cercaram e um senhor se apresentou.
— Sou o proprietário da loja. É um prazer tê-lo como cliente. Vou lhe dar um bom desconto.
Novamente, ele ficou sem saber o que fazer e Cristina respondeu por ele:
— Obrigada! Aceitamos sua gentileza!
Saíram da loja, foram a outras, e Cristina comprou muitas coisas para Henrique. Voltaram para almoçar.
— Ique, segunda-feira irá ao dentista, marquei também para ir a um clínico geral e a um oftalmologista.
— Estou com vontade de comer pizza. Vamos todos nós, à noite, a uma pizzaria?
Foram, os amigos gostaram, e ele, mais ainda.
Henrique já tinha visto telefone, até telefonado, mas admirou-se com o aparelho mais moderno e com a facilidade com que se fazia um telefonema. Porém com o que mais se admirou foi com a televisão, gostou demais. No hospital tinha uma no pátio, que era ligada em certos horários, e todos gostavam de assistir.
Na segunda-feira, foi no horário marcado ao dentista e passou a ir duas vezes por dia para um tratamento. O dentista fez primeiro tratamento nos dentes que doíam. Henrique se sentiu aliviado sem a dor de dente. Fez três óculos: um para perto e dois para longe, sendo um deles com lentes escuras. Fez também vários exames, passaria a tomar remédios, mas estava bem de saúde.
Na segunda-feira, como combinado, Nelsinho foi lhe informar que ele entraria com uma petição de indenização contra o Estado, por ele ter sido condenado inocente e pegou os documentos que precisava para ele se aposentar. Nelsinho não quis receber nada.

— Henrique, uma vez meu pai pediu para ajudá-lo se você viesse a precisar. Estou fazendo isso a você por papai e por ter ficado indignado por ter sido preso inocente. Porém acabei recebendo por tê-lo defendido: fiquei conhecido como advogado, três pessoas me procuraram para defendê-las e serei bem remunerado.

Três dias depois, uma mulher foi visitá-lo.

— Senhor Henrique — disse a senhora —, fui jurada no seu julgamento e o condenei. Desde que fiquei sabendo que era inocente, não durmo mais. Vim lhe pedir perdão.

— Está perdoada, desculpada, pode dormir sossegada — Henrique foi sincero.

— É que eu...

— Senhora — Henrique a interrompeu —, tenho horário marcado com dentista. Meus dentes... — parou, não queria reclamar. — Não posso me atrasar.

— Obrigada por me desculpar.

Ele saiu da sala, e a mulher foi embora. Ele ainda tinha que esperar por trinta minutos para ir ao dentista, mas não quis conversar mais com a mulher, realmente não queria se queixar nem recordar o período que estivera preso.

Na quinta-feira, ao chegar do dentista, Cristina informou que uma pessoa o esperava na sala da recepção.

— Por favor, venha comigo — pediu ele à amiga.

Cristina o acompanhou. Na sala, um moço se apresentou:

— Sou Renato, funcionário da indústria da família do senhor Odorico. O filho dele me pediu para vir aqui oferecer um carro e este cheque. Eles gostariam que aceitasse.

Henrique não sabia o que fazer, então resolveu escutar a opinião da amiga.

— Senhor — pediu Henrique —, nos espere um pouquinho aqui. Cristina, venha comigo, por favor.

Os dois foram para a outra sala, fecharam a porta.

— Cristina, o que faço? Eles estão me comprando? Indenizam-me por ter ficado preso no lugar do pai? O moço é empregado, não quero ser grosseiro com ele e...

— Ique — interrompeu Cristina —, ninguém da família do senhor Odorico tem a ver com o crime que ele cometeu. Ele tem três filhos: o mais velho há tempos mora em outra cidade; a filha é casada e tem filhos, ela e o esposo são pessoas boas, escutei que eles estão pensando em se mudar daqui; o filho caçula trabalha na indústria que era do pai, penso que continuará, eles têm muitos empregados. A viúva está fechando a casa, comenta que vai embora da cidade. Todos sofreram muito com o ocorrido, primeiro com a desencarnação do chefe da família; segundo pela notícia dos assassinatos. Querem, sim, recompensá-lo; com certeza, nada pagará os anos que esteve preso, mas é uma forma de eles, que estão acostumados a ter, recompensarem-no; pensam, com certeza, que dando algo material a você, que ficará bem. Se quer a minha opinião, aceite. Achando que o recompensaram, talvez se amenizem as dores deles.

— Cristina, você é sábia! Tem razão, penso que, com essa atitude, eles estão se desculpando, e por algo que não fizeram. Tem razão, eles devem estar sofrendo.

Voltaram à sala.

— Irei aceitar, diga a eles... Não, vou escrever um bilhete.

Escreveu numa folha de papel: "Senhores, como eu, foram punidos pelo ato de outra pessoa. Como o tempo que estive preso passou, esse período difícil para vocês passará. Aceito o que estão me dando como desculpas. Se aceito, desculpei". Assinou.

Pegou o cheque, a chave do carro, deu o bilhete e agradeceu o moço.

— Os documentos do carro estão aqui. Posso transferir para o senhor? Preciso desses seus documentos.

Cristina os deu.

— Trago-os ainda hoje.

Quando o moço saiu, Henrique e Cristina foram ao pátio ver o carro.

— Que bonito! — exclamou Cristina. — É novo! Vou pedir para colocar a capa nele. Será que você sabe ainda dirigir?

— Vou relembrar e renovar a minha habilitação.

— Conheço uma pessoa que faz isso. Quer ter aulas? Com certeza poderá começar hoje.

De fato, após o horário do dentista à tarde, Henrique teve aulas, e o moço, que gentilmente o estava ensinando, marcou para ele renovar seus documentos.

Ele entendeu que todos queriam, de alguma forma, recompensá-lo, e não gostou.

Nelsinho foi com ele ao banco e ele abriu uma conta, onde depositou o cheque e o dinheiro que recebera com a aposentadoria.

— É sempre rápido assim para receber? — perguntou Henrique ao Nelsinho.

— Nem sempre, é que usei o seu nome. Penso que também não demorará para receber a indenização.

— Nelsinho, por favor, quando receber, deposite para mim nessa conta.

— Para receber por você, preciso de uma procuração.

— Faça isso para mim, por favor.

— Amanhã a trago para que assine.

Foram a uma lanchonete; logo esta lotou, todos queriam vê-lo, conversar com ele, saber dele o que acontecera e o que sentira ao ficar preso inocente. Chateado, levou o lanche para comer no hospital. Foram embora. Piorou quando dois repórteres quiseram entrevistá-lo. Recusou. Os repórteres erraram o sobrenome dele, Henrique não corrigiu, eles ficaram horas na frente do hospital esperando que saísse. Ele não queria que noticiassem: se ele conseguira esconder de sua família que estivera preso, não queria que eles soubessem agora que fora libertado. Não saiu mais, ia ao dentista saindo pelos fundos. Conseguiu fazer a prova de habilitação, passou. Um interno, no hospital, tinha um boné que, na parte de baixo, tinha cabelos. Usando, parecia que os cabelos eram grandes, nos ombros. Henrique pediu emprestado, saiu pelos fundos e foi fazer compras: adquiriu uma mala, outras roupas e foi a uma relojoaria; comprou dois relógios de pulso e uma joia cara para Cristina, era uma corrente de ouro com um pingente de esmeralda com brilhantes e brincos iguais ao pingente. Não foi reconhecido e pagou em dinheiro.

Os repórteres estavam insistindo. Naquela tarde, terminou seu tratamento dentário, Henrique pagou e agradeceu.

À noite, ele reuniu os amigos.

— Irei amanhã cedo embora. Quando cheguei aqui, compreendi que estava tendo mais uma grande oportunidade de recomeço, mas que não seria aqui. Quero esquecer e aqui sinto que não será possível. Penso que, se eu me sinto incomodado pelas pessoas, os familiares do senhor Odorico devem sentir mais. Irei para a cidade em que nasci, perto das minhas irmãs. Quando cheguei, escrevi para elas informando que aposentei e que estou voltando; passei hoje um telegrama de que logo chegarei. Deixem para informar os repórteres depois de uns três dias que parti, digam a eles que fui para uma cidade grande, para a capital do estado.

Todos lamentaram a partida dele. Elisa acertou novamente os cabelos de Henrique. Ele deu o presente para Cristina, que abriu a caixa e seus olhos brilharam, gostou demais.

— Nossa amizade continuará, com certeza não voltarei para visitá-los, nos escreveremos, talvez possamos nos falar por telefone. Obrigado a vocês! — Henrique se emocionou.

— Se elas, suas irmãs, souberem que esteve preso, o que irá fazer? — perguntou Elisa.

— Se houver comentários e se esses me incomodarem, irei morar em outro lugar. Espero que elas não saibam. Cristina, o dinheiro meu que está na sua conta, use-o aqui no hospital. Recebi uma quantia razoável, pedi para minhas irmãs procurarem um apartamento para mim. Comprarei um, o mobiliarei, ficarei morando sozinho e, espero, sossegado.

Abraçou todos se despedindo. Iria sair às quatro horas da manhã para não ser visto. Foram dormir. Henrique arrumou tudo e, às quatro horas, estava no pátio; lá encontrou Cristina, que tinha colocado as joias.

— Achei-as bonitas, mas, em você, ficaram muito mais — expressou Henrique.

Abraçaram-se, sorriram emocionados, não conseguiram falar. Ele verificou, não havia ninguém na rua, saiu do hospital e se dirigiu à rodovia. Iniciou a viagem de volta.

11
O asilo

Henrique fez a viagem sem pressa, foi parando em postos, pernoitou numa cidade e descansou. De fato, o carro era bom e econômico.

Chegou à tarde e foi para a casa de uma de suas irmãs, que o recebeu com carinho; todos o agradaram, a outra irmã com a família foram vê-lo. Henrique quis logo saber:

— Vocês procuraram um apartamento para eu comprar e me instalar?

— Fomos às três imobiliárias que tem na cidade e encontramos, penso que gostará de um dos que marcamos.

— Amanhã irei vê-los.

As irmãs estavam bem, aposentadas, os cunhados também, porém eles continuavam trabalhando. As duas moravam em casas próprias e confortáveis. Os filhos delas eram pessoas boas, trabalhadores, casados e que também moravam em casas próprias. As irmãs tinham netos que eram crianças lindas, sadias e estudiosas.

"Que bom encontrá-las bem!", pensou Henrique. "Com certeza tiveram, têm, problemas, mas penso que devem ser pequenos. São pessoas felizes e religiosas."

Foi um sobrinho que deu notícias do tio, do irmão.

— Eles moram no sítio, que não deve ser produtivo o suficiente para sustentar três famílias, dos tios e dos dois filhos, que estão casados e com filhos. Mamãe e titia não têm amizade com eles, não conversam e se encontram por acaso, somente se cumprimentam de longe. Penso que é melhor.

No outro dia, Henrique, pela manhã, foi às imobiliárias para saber como e onde eram os apartamentos que as irmãs marcaram. Escolheu três para ver e foi. Optou por um em que o prédio tinha elevador e porteiros, com dois quartos, sala, cozinha e área de serviço. Marcou para comprá-lo, passaria a escritura logo. À tarde foi com as duas irmãs comprar objetos, móveis, para equipá-lo. As duas ajudaram a escolher e ele fez questão da televisão ser a mais moderna, e os eletrodomésticos, bons. Por dois dias fizeram compras.

Passou a escritura, foi para o apartamento, recebeu o que comprou e lá ficou. Por dias, fez compras, e tudo ficou como ele quis.

Henrique pediu para as irmãs os documentos delas, disse que era para tê-los caso precisasse um dia. Porém ele comprou o apartamento no nome das duas. Ainda ficou com dinheiro no banco. Depois que arrumou tudo, sentiu falta do que fazer.

"Não gosto de ficar ocioso. O trabalho é benção e faz quarenta dias, desde que saí da penitenciária, que não trabalho."

Seu dia a dia estava sendo rotineiro: levantava, fazia o café, tomava, ia fazer uma caminhada, compras, fazia o almoço ou ia comer em algum restaurante, limpava o apartamento, lavava e passava suas roupas, ia à casa de uma das irmãs e, no outro dia, à da outra; à noite, via por horas televisão.

Assim que chegou, telefonou para Cristina e marcou dia e hora para ligar para ela: ia à companhia telefônica, marcava para fazer a ligação e voltava no horário marcado. Teve notícias de que todos lá estavam bem e que os repórteres desistiram e que pararam os comentários, por terem surgido outros escândalos.

Henrique resolveu ir ao hospital onde trabalhara, onde fora seu primeiro emprego como enfermeiro: encontrou-o diferente, maior e mais equipado. O diretor o atendeu:

— Gostaria de trabalhar aqui como voluntário, tenho muita experiência como enfermeiro.

— Não posso aceitar voluntários — informou o diretor —; se quiser, tentarei ajustá-lo como funcionário para estar aqui oito horas diárias.

— Não quero assumir um compromisso assim, estou aposentado, não quero ser remunerado. Entendo, um hospital precisa ter normas para ser organizado. É pena! O que quero é ser voluntário por algumas horas. Gosto de trabalhar, ser útil.

— Por que não vai ao asilo? — opinou o diretor. — Um enfermeiro com experiência será lá de muita utilidade. No asilo é mais fácil ter voluntário sem horário. Ajudaria muito.

Henrique nem sabia que na cidade tinha asilo. Ele agradeceu e se despediu. À tarde indagou a irmã.

— Faz sete anos que temos o asilo — esclareceu a irmã. — Nossa irmã e eu ajudamos essa entidade, vendemos rifas, colaboramos com as quermesses e, todas as terças-feiras, com um grupo de amigos, fazemos o lanche da tarde e tentamos distrair os internos com jogos e música. Se quiser vou com você lá.

Foram, Henrique gostou do lugar, tudo era novo, bem organizado e ficaram contentes em recebê-lo como voluntário.

No outro dia à tarde, ele foi, entendeu como era o trabalho ali e o que poderia fazer. Passou a ir todas as tardes e, em uma semana, passou a fazer curativos, ajudar a dar banhos nos internos, aplicar injeções e escutá-los.

Compreendeu que era um trabalho diferente do que havia feito até então.

"Aprendi muito trabalhando no primeiro hospital; no segundo, foi desafiador; e, no hospital do fogo-selvagem, foi o período que mais gostei e penso que fui mais útil. Na prisão, fiz um trabalho diferente; agora é uma tarefa nova para mim. Estou passando pela vida encarnada, aprendendo."

Novamente sua vida tornou-se rotineira. Levantava cedo, fazia o serviço de casa, caminhava, almoçava, ia para o asilo, jantava lá, retornava ao apartamento, assistia televisão e ia dormir. Gastava somente o que recebia da aposentadoria. No domingo almoçava com as irmãs e, após, ia ao asilo.

"A velhice deveria ser um período melhor, a pessoa tem mais experiência, mas não é assim."

— Henrique — informou o diretor —, quando fizemos este local, muitas pessoas contribuíram, ajudaram, fizemos uma planilha de custos. Maravilha! Sabíamos quanto gastaríamos. Engano! Surpreendemo-nos com os remédios. Idosos necessitam de muitas medicações. Por esse motivo, estamos sempre no limite de nossas despesas.

Henrique percebeu isso, até por ele mesmo; quando jovem, não precisava tomar remédios e, agora, tomava para pressão, estômago, dores musculares etc.

Telefonava sempre para Cristina e foi com tristeza que recebeu a notícia que Elisa desencarnara. A amiga contou que Elisa não estava se sentindo bem, foi ao hospital e o médico a internou porque estava enfartando: duas horas depois, ela desencarnou.

"Penso", concluiu Henrique, "que Elisa mereceu ter uma desencarnação assim: ela cuidou de tantos doentes e foram muitos os que desencarnaram sob os cuidados amorosos dela, mas ela não necessitou receber cuidados. Isto é maravilhoso, uma graça!"

Orou pela amiga e a sentiu bem.

Escutava raramente a Voz, o frei Artur; quando o fazia era ao auxiliar um idoso. Como: *"Ique, ele está com dor de ouvido"; "ela está ansiosa, converse um pouquinho com ela"* etc.

Henrique reclamou com a Voz, à noite, antes de dormir.

— Frei Artur! Voz! — chamou ele.

— *O que foi, Ique?* — escutou.

— O que eu fiz para que se afastasse de mim? Pouco o escuto — lamentou ele.

— *Chamou-me por isso? Estava no meio de um trabalho importante e, com seu chamado, vim ligeiro. Você não fez e não está fazendo nada que eu desgoste, ao contrário, estou contente com você, aprovo sua atitude. Sempre que precisou, tentei estar com você, mas agora tudo está bem. Tenho ido ao asilo e, quando você cuida dos internos, tento orientá-lo para melhor ajudá-los.*

— É que sinto falta do senhor.

— *Obrigado! Porém sou ativo e tenho minhas tarefas. Continuo o ajudando no seu trabalho e me chame somente quando precisar. Elisa foi socorrida por merecimento assim que seu corpo físico parou suas funções e ela está bem. Virei mais vezes, isto quando possível, para conversar com você. Boa noite! Durma bem!*

— Boa noite!

Henrique ficou tranquilo, amava aquele espírito e era grato.

Quase não pegava o carro; ali, tudo era perto, e ele gostava de andar, sentia-se bem ao fazê-lo pelas ruas.

"Fiquei preso por anos, andava no pátio. Como dou valor a caminhar pelas ruas, ver o movimento, tomar sol! Até a chuva me encanta... ver árvores e pessoas! Isso é maravilhoso!"

Uma tarde, ao chegar ao prédio em que morava, Henrique encontrou seu irmão a esperá-lo.

— Ique, pensei que fosse me visitar. Vim vê-lo. Posso subir no seu apartamento?

Tudo Passa

— É que... bem, pensei em ir ao sítio, mas fui adiando. Como está?

— Muito mal, ou as coisas não estão bem — queixou-se o irmão.

— Desculpe-me, não vou convidá-lo a ir ao meu apartamento. Não recebo visitas, o local está uma bagunça. Sente-se aqui.

Era um banco no espaço da portaria. Sentaram-se e ele se queixou:

— O sítio somente me dá prejuízo. Meus dois filhos moram lá e trabalham na cidade. As noras e minha mulher não se entendem. Tenho dívidas, estou doente, pressão alta, diabetes etc.

— Com a idade aparecem doenças — expressou Henrique.

Henrique não se sentia bem perto do irmão. Pensou: "Ele ficou com o sítio, não foi honesto e agora se queixa. Deve ser verdade, porque um sobrinho, filho de uma de minhas irmãs, comentou esse fato. Minhas irmãs estão bem, aposentadas, os filhos delas também estão bem, e ele, que trapaceou, não está."

— Você quis tanto ficar com o sítio — lembrou Henrique.

— Pois é, mas era do papai e... Você não quer nos visitar?

— Irei qualquer dia.

— Você tem um carro bom, bonito e novo. Não usa? — observou o irmão.

— Às vezes, é que aqui tudo é perto e gosto de andar.

— Quando cheguei o porteiro não me deixou subir, queria esperá-lo no seu apartamento — o irmão reclamou.

— Isso não pode.

Henrique se surpreendeu com a atitude do irmão. Ele se queixou mais um pouco e foi embora. O dono do apartamento elogiou o porteiro e avisou a ele, e depois o fez com os outros, que o irmão não poderia ir ao seu apartamento se ele não estivesse.

Começou a participar das vidas dos idosos. Escutava-os, aconselhava-os e, com carinho, atenção e delicadeza, os ajudava.

— Henrique — contou uma mulher —, estou aqui por ter agido errado e estou tendo o retorno.

VERA LÚCIA MARINZECK DE CARVALHO ditado por ANTÔNIO CARLOS

Ele a observou; na ficha constava que ela tinha sessenta e cinco anos, mas aparentava mais. Queixava-se de muitas dores musculares, de cabeça e tinha de fazer regime pelas doenças que tinha. Como Henrique continuou dando atenção enquanto fazia curativos nas pernas e braços dela, porque se machucara num tombo, ela contou:

— Jovem, eu gostei de um moço, namoramos, ele terminou comigo e sofri. Planejei e escolhi um dos meus pretendentes para namorar e casar, porque não queria ficar solteira. Dei atenção para um moço esperto nos negócios e que estava bem financeiramente. Namorei e casei. Meus pais tiveram oito filhos por opção, queriam uma família grande; embora não nos faltasse nada, não tínhamos o supérfluo, eles possuíam somente uma casa, onde morávamos. Tive três filhos, dois meninos e uma menina. Acertei: meu marido prosperou, tornou-se um comerciante de sucesso, comprava e vendia veículos. Eu queria trabalhar, ele comprou para mim uma loja de roupas. O fato é que eu não o amava, não o amei. Nossos filhos estavam na adolescência quando conheci um rapaz que ia à minha loja e nos envolvemos, tornamo-nos amantes. Numa tarde, me surpreendi; meu marido nos reuniu na sala, nossos filhos e eu, e falou: "A mãe de vocês me trai, estou sendo traído pela minha esposa! Vamos nos separar!". Pediu para os filhos saírem da sala, me mostrou fotos. Ele, quando desconfiou que estava sendo traído, contratou uma pessoa para me seguir e tirar fotos. Ele saiu de casa e foi para a residência de sua mãe. No outro dia, um advogado me procurou. Resultado: éramos casados com comunhão de bens, e meu marido queria a separação. Foi um escândalo: meus pais, idosos, quem cuidava deles era minha irmã caçula, adoeceram de desgosto. Em cidade pequena fofocam muito. O advogado propôs: a casa que morávamos ficaria para os três filhos, e ele pagaria para eles as escolas, planos de saúde e lhes daria uma pensão. A loja continuaria minha, ela dava um bom lucro, e meu marido se apresentou como falido, o comércio dele tinha uma dívida enorme. Aceitei e nos separamos. O moço com que tive o relacionamento não me quis, a esposa dele o perdoou, e ele resolveu ficar com ela. Meus filhos se revoltaram contra mim, resolveram ficar com o pai. Aí a surpresa: percebi, meses depois, que a loja não dava lucro e que meu ex-esposo, trabalhando muito, estava se recuperando. O fato é que meu ex-marido descobrira que eu o estava traindo e, se nos separássemos, eu iria ficar com a metade do que ele tinha, então, agindo friamente, ele se preparou primeiro. Como era ele que fazia a contabilidade de minha loja, a fez como se ela desse muito lucro, não percebi. Dizem que quem trai esquece de prestar atenção em outros fatos. É certo, não prestei atenção na loja. Ele se organizou com os irmãos dele, com o pai, e tirou todo o dinheiro de sua firma, fazendo parecer estar falida. Ele não fez escândalo, não me xingou, os filhos o admiraram e me condenaram. Pediram para eu sair da casa e voltaram a morar lá, sem mim. Minha loja faliu. Fui morar com meus pais, e minha irmã se incomodou. Meus pais faleceram e vendemos a casa, recebemos pouco. Fui morar numa quitinete, tive alguns envolvimentos que não deram em nada. Trabalhei até de empregada doméstica, fiquei doente e vim para cá.

— Seus filhos não a visitam? — Henrique perguntou.

— Não. Um dos meus filhos trabalha com o pai, meu ex-marido está rico. O outro filho estudou, reside em outra cidade, é ele quem me dá dinheiro. A filha tem vergonha de mim, me acusa porque gostou de um moço, e a família dele não deixou que se casassem por minha causa. Ela está solteira, mas bem financeiramente. Eles amam o pai.

— E ele, o seu ex-marido, como ele está? — Henrique quis saber.

— Realmente ele me tirou da vida dele. Foi frio e planejou bem sua vingança.

Todas as vezes que Henrique escutava desabafos assim, ele tentava animar, consolar.

— Você já pediu perdão a ele, a seus filhos?

— Eu que fui a prejudicada! — a mulher indignou-se. — Ele me trapaceou na separação!

— Pense: você o enganou, fingiu amá-lo, casou, tinha um lar e filhos. Você o traiu! Pessoas reagem diferente diante de uma traição, tantos até matam! Ele planejou a separação, deve ter pensado que seria injusto você traí-lo e ficar com a metade do que ele tinha, que adquirira pelo trabalho. Quanto aos filhos terem desejado ficar com ele, é com certeza porque sofreram com os comentários, com a situação. Por que você não escreve cartas para eles e para seu ex-esposo pedindo perdão? Se quiser, eu a ajudo. Penso que ambos, você e seu ex-marido, se sentirão melhor depois de se reconciliarem. Não peça nada além do perdão e, aqui, tente ser útil, ajude os outros, porque é ajudando que se é ajudado.

Dois dias depois, ela mostrou as cartas que escrevera para os filhos e para o ex-esposo. Henrique opinou, ela as refez e as colocou no correio. O filho que morava em outra cidade foi o primeiro a responder, afirmou estar contente com a atitude da mãe e confessou que, na época, sofreu pelos comentários, mas que passara. Mandou um cheque para ela. O outro filho telefonou, o fez primeiro para o asilo e marcou horário para a mãe atender; este a desculpou, confessou que também sofreu e que ainda escutava comentários, mas que iria com os filhos visitá-la num domingo. O ex-marido foi no domingo à tarde visitá-la e levou uma cesta com frutas. Henrique ficou na sala e discretamente deu forças para ela e a tentou tranquilizar. Quando ele foi embora, a senhora contou para ele:

— O senhor tinha razão, necessitava mesmo fazer isso. Meu ex-marido falou do ocorrido, disse que me amava muito e, quando ficou sabendo da minha traição, achou injusto repartir pela metade o que ele trabalhara tanto para ganhar. Disse que sentiu muito. Sofreu, com as gozações, por ser um marido traído, e por ter se separado de mim, porque me amava. Contou que teve namoradas e que agora estava bem, namorando uma boa moça. Afirmou que há tempos me perdoara e que, se o ocorrido fosse hoje, não iria fazer o que fez.

A filha não deu resposta, a senhora insistiu, Henrique pediu para ela não desistir e que, com certeza, a filha também a desculparia. Essa interna passou a fazer tarefas, a ajudar.

— O senhor tem razão: trabalhando, me sinto útil e bem. Concluí que, me ocupando, as horas passam. Antes, levantava, tomava o café, esperava pelo almoço, depois pelo jantar, ia dormir, e as horas seguiam lentamente. Agora, ajudando as companheiras, até me assusto, as horas, para mim, passam rápido. Gostei disso. Obrigada! — ela agradeceu a Henrique.

O irmão o procurou novamente e se queixou muito, Henrique o escutou calado. Então ele pediu:

— Ique, empreste seu carro para mim. Terei todo cuidado. Na cidade vizinha, haverá uma festa nesse final de semana; trabalhando, levando pessoas, ganharei dinheiro. Devolvo na terça-feira, porque, na segunda-feira, o limparei.

— De fato, não uso muito meu carro, está na garagem para quando precisar. Não gosto da ideia de pessoas desconhecidas estarem nele.

— Ique — disse o irmão —, tenho dívidas, preciso de dinheiro. Temos somente de veículo essa camionete velha. Se eu pedir dinheiro emprestado a você ou a outra pessoa, não terei como pagar se não trabalhar. Estou pedindo algo a você para trabalhar.

Ele insistiu, e Henrique emprestou. Na terça-feira, ele devolveu o carro limpo, porém com pouco combustível. O irmão agradeceu e contou que dera para faturar um bom dinheiro.

Voltou a pedir, e isto tornou-se frequente. As irmãs não gostaram. Foi então que Henrique recebeu a indenização por ter ficado preso indevidamente: era, para ele, uma quantia razoável.

Ele entendeu que a ideia de muito ou pouco dinheiro dependia da situação financeira da pessoa. Por exemplo, o que era caro para uns era barato para outros. Ele telefonou para Nelsinho agradecendo. Foi ao banco e repartiu a quantia, colocando no nome das duas irmãs, assim como também o dinheiro que ainda tinha. Organizado, ele estava vivendo bem. Resolveu não contar a elas desse dinheiro, por isso deixou os papéis numa caixa e a colocou no seu quarto. Foi conversar com as irmãs.

— Comprei o apartamento nos nomes de vocês duas — contou ele. — Quando emprestar o carro para nosso irmão, é porque ele está trabalhando com ele. Se vocês prestarem atenção, estamos bem, e ele não. Vocês duas devem perdoá-lo.

— Perdoamos — explicou uma delas —, mas não queremos ter contato com ele. Agradecemos. Você, de fato, é bondoso.

— Se eu desencarnar, morrer de repente, entrem no meu apartamento, abram uma caixa que está na cômoda, no meu quarto, lá também tem o número do telefone de Cristina, uma amiga querida, companheira de trabalho de anos, avisem de minha morte.

Elas prometeram, e ele novamente lembrou os porteiros e o síndico que as irmãs poderiam sempre entrar no seu apartamento, mas o irmão não.

Duas semanas depois, o irmão voltou a esperá-lo na portaria e foi com um papel.

— Ique, assine aqui, por favor.

Henrique pegou o papel e leu.

— O quê!? Você está pretendendo comprar o meu carro?

— Comprar, não — respondeu o irmão. — Ele é seu e continuará sendo. É que quero trabalhar com ele de táxi e, para isso, o veículo tem de estar no meu nome. Faça isso para mim, Ique. Trabalhando com ele, tenho tido dinheiro para meus gastos, os de minha esposa, ajudado filhos e netos e...

Tudo Passa

Queixou-se. Henrique assinou, sabendo que estava dando o carro para o irmão, que não seria devolvido nem pago. Ele agradeceu. Contou para as irmãs, que não comentaram.

No asilo, pelo muito trabalho, passou a ir muitas vezes no período da manhã, então arrumou uma faxineira, esposa de um dos porteiros, para limpar o apartamento. Nos dias em que ficava oito horas no asilo, fazia as refeições lá. Começou a ser requisitado, queriam que ele fizesse curativos, aplicasse injeções, ajudasse nos banhos.

Um senhor reclamava demais: era de dores, de alimentos, de tudo, e as visitas eram raras.

— Por que o senhor, quando receber visitas, não conversa abordando assuntos interessantes? Reclama tanto que os familiares se incomodam e não acreditam.

A primeira vez que Henrique aconselhou esse senhor, ele ficou bravo, ofendeu-se, mas, nas outras vezes, começou a prestar atenção em suas atitudes. Henrique insistiu:

— Ninguém gosta de escutar, ficar perto de uma pessoa que somente reclama. Todos nós temos algo para nos queixar, mas, se entendemos a situação, veremos que não precisamos ver e comentar os acontecimentos ruins, que existe algo bom. O senhor fala, escuta, enxerga e anda. Por que não dá importância a isso? Pode ler, está raciocinando, e os familiares vêm vê-lo. Aqui temos internos que não recebem visitas. O senhor teve a graça de ter sido saudável quando jovem, trabalhado e criado os filhos. Quando eles não precisaram mais do senhor, ficou doente. Isso não é uma graça? Já pensou se, com os filhos pequenos, o senhor ficasse doente? Seria pior. Tem cama para dormir, alimentos gostosos. Por que reclama? Prefere ficar sem alimentos?

Henrique o levou a pensar no que ele tinha e não no que lhe faltava. Quando fazemos isso, tudo para nós é facilitado. É ruim pensar somente no que nos falta; temos, sim, de dar valor ao que temos, ao que dispomos no momento e devemos fazer isso também com afetos. O senhor entendeu isso quando não se queixou durante a visita de um neto, e o moço ficou com ele duas horas, mais tempo do que de costume e deram risadas.

— Percebeu a diferença? — Henrique perguntou ao senhor.

— Sim, entendi. Queixando-me, reclamando, era desagradável e, embora eles gostassem de mim, era um sacrifício virem me visitar e escutar minhas lamúrias. Vou me esforçar e não reclamar mais.

— Quando reclamamos — Henrique tentou esclarecê-lo —, atraímos para nós, e quase sempre em dobro, nossas queixas. Se estou com dor de cabeça, tomo remédio e tento me distrair, ela passa. Se persistir, vou ao médico. Mas, se estou com dor e me queixo e reclamo, dou importância a ela, então normalmente ela aumenta, me torno desagradável, e as pessoas passam a me evitar, piorando minha situação. Isso ocorre também na afetividade: quero ser amado, mas não me esforço para o outro me amar e, se reclamo, aí que acabo com o relacionamento.

Ele começou a mudar e, contente, percebeu que os familiares iam visitá-lo, buscá-lo para passar o dia com um, ora com outro. Ele agradeceu a Henrique.

As irmãs comentaram:

— Ique, você tem ficado muito tempo no asilo. Não era para ser somente por horas?

— Era, mas o trabalho aumenta e, como eu posso fazê-lo, não tenho coragem de negar. Gosto de trabalhar. É castigo para mim ficar ocioso.

Ele se recordou dos meses que ficara na cela sem fazer nada.

— Não exagere, meu irmão — recomendou uma delas.

O irmão, assim que se apossou do carro, não foi mais vê-lo. Soube que ele fizera, do veículo, um táxi. Embora o carro tivesse sido bom, com certeza, se não tivesse manutenção, logo estragaria e teria de consertá-lo. Mas isso não era problema para Henrique, que estava bem, em paz e contente com o modo que vivia.

ia quase todas as terças-feiras, à noite, num centro espírita, onde assistia palestra, recebia passes e fez amizades. Interessou-se, e muito, quando passaram a fazer palestras das explicações do livro de Allan Kardec, *O Evangelho segundo o espiritismo,* porque o autor focou muito nos ensinamentos de Jesus contidos no Sermão da Montanha. Então compreendeu que muitos capítulos dessa obra são baseados em motivar as pessoas a serem boas. Uma palestra que fez Henrique meditar foi sobre o capítulo oitavo, "Que a mão esquerda não saiba o que faz a direita", item nove, "A caridade material e a caridade moral", que todos podem praticar, que materialmente nada custa, e que, não obstante, é a mais difícil de se pôr em prática.

Henrique leu e releu esse capítulo e pensou:

"Dei, sim, de material, mas, nestes anos, tenho dado de mim, meu tempo, trabalho, amizade, consolo, penso que pratiquei a caridade moral. Sinto-me em paz! Estou contente!"

Pegava livros emprestado no Centro, mas não conseguia ler muito, primeiro porque não tinha hábito de leitura, depois porque passou a ficar dez, doze horas no asilo, chegava no apartamento cansado. Não descuidava da saúde, ia ao médico e tomava medicamentos, principalmente para controlar a pressão arterial. Continuou a telefonar para Cristina, era prazeroso conversar com a amiga.

Henrique prestou atenção numa senhorinha, todos gostavam dela, não reclamava, mas não falava de si, tinha oitenta e sete anos. Ele resolveu, depois de algumas tentativas, fazê-la falar de si, para tentar ajudá-la.

— Como a senhora está passando?

— Bem.

— Precisa de alguma coisa?

— Nada. Obrigada!

— Posso falar um pouquinho? Sou sozinho, moro só e tenho vindo aqui. Penso que este será meu lar — Henrique suspirou.

— Você mora onde? — a senhora se interessou em saber.

Henrique sentiu que tinha conseguido chamar a atenção dela e respondeu:

— Num pequeno apartamento. O que a senhora acha que eu devo fazer?

— Não dê seu apartamento para ninguém, que a família se vire quando você morrer — opinou ela.

— Por que a senhora acha que eu não devo dar o meu apartamento?

— Se der, pode ficar sem.

— Não entendi — disse Henrique. — A senhora não quer me explicar?

— Dei e fiquei sem — a senhora suspirou.

— Aconselhe-me então. Conte o que aconteceu com a senhora.

Henrique sabia que ela, nos primeiros meses em que chegara ao asilo, recebia visitas, mas depois não as recebeu mais.

— Fui casada por cinquenta e dois anos — a senhora resolveu contar, e o fez de forma cadenciada. — Tivemos problemas, mas vivemos bem. Não consegui engravidar e resolvemos não adotar. Fiquei viúva e fiquei morando sozinha. Para minhas despesas, tinha uma pensão, que recebo até hoje e que fica para o asilo, como forma de contribuição por estar aqui. Não éramos unidos com as famílias, nem eu com a minha e nem meu marido com a dele. Nossa casa, depois minha, estava velha, mas era num local muito bom e num terreno enorme. Desde que meu esposo se aposentara, a nossa renda diminuíra, então dividimos nossa casa, que se tornou duas, e grandes, então alugamos a outra parte. Financeiramente, estávamos bem. Foi então que um sobrinho meu e a esposa, eles tinham dois filhos pequenos, começaram a me visitar, a me fazer favores, a me levar ao mercado, farmácia, lojas. Quando não era ele a me levar, era a esposa. Gostei do mimo, era sempre um deles a me levar a médicos, para passear e quase todos os domingos ia à casa deles.

Sabia que às vezes eles ficavam com algum dinheiro meu, mas não me importava. Um dia acordei aqui no asilo, não entendi nada. O diretor me explicou que eu passara mal, e o médico determinou que eu não poderia mais ficar, morar sozinha. Vim a saber que, dias antes, meu sobrinho havia combinado minha vinda para cá. Ele foi me ver, contou que me encontrou desmaiada, foi buscar o médico, e ele afirmou que eu não poderia ficar mais sozinha. Então ele me trouxe para cá provisoriamente, enquanto decidiria o que fazer. Soube depois que o médico, naquele dia, não me atendera, então concluí que fui sedada. Aí... — a senhora deu um longo suspiro — ele então vendeu minha casa. Quem contou foi outra sobrinha que, indignada, veio tirar satisfação do porquê de eu ter dado a casa para ele, o sobrinho que por um tempo cuidara de mim. Quando ele veio aqui, pedi explicação, e ele tranquilamente contou: "Titia, não é justo a senhora morrer, e a casa ser dividida. Fiz a senhora assinar uma procuração me dando poderes para vender o imóvel. Fiz isto, foi o melhor". Depois dessa conversa, ele não voltou mais a me visitar, outros sobrinhos vieram para me dizer desaforos, então pedi para não receber mais visitas, assim está melhor. Fui ingênua, assinei sem prestar atenção. Se ele se aproveitou da oportunidade, a ação é dele. Concluí que os dois, o casal, se aproximaram de mim com essa intenção. Não quero focar na atitude deles; se esse sobrinho me pedir perdão, perdoarei; aliás, já perdoei; não quero vínculos com eles, a mágoa é um vínculo forte, não quero isso para mim. Gosto daqui, neste lar não sinto solidão, estou bem.

Henrique admirou a atitude dessa senhora.

Num domingo, após o almoço, ele foi ao cemitério e visitou o túmulo onde foram enterrados os restos mortais de seus pais. Orou e os sentiu reencarnados. Contratou um trabalhador que prestava serviços ali para arrumá-lo, colocou flores e não voltou mais. Dias depois, uma de suas irmãs comentou que o túmulo ficara bonito.

Henrique não cuidava dos internos acamados, quem fazia esse trabalho eram os funcionários. Às vezes ele ajudava e, quando havia festa, ficava com eles; foi então que prestou mais atenção neles e se apiedou.

"Desde os meus dezessete anos", pensou, "tenho cuidado de doentes; nos dois hospitais, lidei com doentes que se recuperavam ou desencarnavam e ali ficavam por um período. No terceiro hospital os enfermos ficavam por muito tempo, estes falavam, raciocinavam, andavam e pioravam, indo a óbito, ou saravam e iam embora, criavam vínculos por estarem juntos por muito tempo. Na prisão, na enfermaria, o atendimento era mais por ferimentos ou doenças não graves, eram enfermos espiritualmente. No asilo, se deparou com enfermidades diferentes, agravadas pela solidão, pelo remorso e, normalmente, saíam dali quando desencarnavam, muitos esperavam a morte.

Uma senhora contou para Henrique por que precisava fazer regime alimentar:

— Estava com trinta e dois anos quando me apaixonei perdidamente e fui desprezada; nesta época, meu pai faleceu, era a solteira da família. Mamãe e eu passamos por um período difícil com a esposa de um dos meus irmãos. Amor não correspondido dói. Resolvi morrer e tomei veneno. Que horror! Acudiram-me e fiquei com sequelas. Nada resolveu e piorou a situação, este moço que gostava afastou-se mais de mim, comentou que não queria uma doida com ideia suicida. Doeu muito em mim quando minha mãe, preocupada, chorando, foi ao hospital me ver e disse: "Filha ingrata, não pensou em mim? Estou com tantos problemas, perdemos seu pai, um homem bom, estamos somente nós duas em casa, e você quis ir embora? Deixar-me? Egoísta! Não pensou como iria sofrer com sua morte?". Chorei muito e lutei para sobreviver. Resolvi cuidar de minha mãe, foi o que fiz. Quando ela faleceu, vim trabalhar no asilo em troca de moradia. Eles pagaram aposentadoria, me aposentei e, quando fiquei impossibilitada de trabalhar, fiquei aqui como interna. Sou grata às pessoas que me socorreram, porque, se tivesse falecido naquele dia, iria causar muitíssimo sofrimento à minha mãe, não queria isso, nunca quis que ela sofresse. Agora penso que aqueles que escolheram sair da vida física pelo suicídio sofrem muito e deve ser mais por verem, sentirem, aqueles que os amam e são por eles amados sofrerem. Não morri com a tentativa, mas, pela imprudência, fiquei com sequelas. Deve ser assim: por livre vontade danifiquei o corpo, no meu caso sadio, e fiquei com ele deficiente. Com certeza aos que morrem pelo suicídio ocorre isto: danificam o corpo e, ao voltarem ao Plano Físico em outro corpo, ao reencarnarem, podem tê-lo doente. Pensava, na época em que fiz essa asneira, em me livrar da dor, do sofrimento. Estranho: não pensava que ia virar um cadáver, ser enterrada e que meu corpo ia apodrecer.

Esta senhora tinha doenças pela idade e, pelo veneno, muitos problemas no aparelho digestivo.

Os dois conversando, outros internos se aproximaram e ficaram escutando. Outra senhora contou:

— Sei como é isso, eu tentei me matar por duas vezes. Na primeira, fui a um prédio. Meu plano era me jogar lá de cima. Entrei nele escondida e, no último andar, não sabia ir ao teto. Tinha uma conhecida que morava ali, resolvi então ir à casa dela e me atirar da janela. Quando bati na porta do apartamento dela, minha amiga, ao me ver, exclamou: "Foi Deus que a enviou aqui! Entre e me ajude!". O filho dela, pequeno, estava vomitando muito; esqueci para que tinha ido lá e a ajudei, ela levou o filho ao hospital, e eu fiquei com os outros dois, cuidei deles, limpei o apartamento. Fui embora cansada; em casa dormi, e a vontade de morrer passou. Na outra vez, ia tomar todo o meu remédio de dormir. Eu os estava tirando do invólucro, um por um, quando minha vizinha me chamou, deu um pedaço de bolo e ficou conversando comigo, queixando-se de seus problemas, e, quando ela foi embora, a vontade de morrer passara.

— Por que você queria morrer? — perguntou uma senhora que escutava atenta.

— Ninguém me dava atenção, pensei que depois do meu suicídio eles iriam se arrepender.

— Que engano! Se não davam atenção com você viva, iriam dar depois que morresse? Claro que não! Se alguém sentisse remorso, logo iriam entender que todos nós temos liberdade de fazer o que queremos. Com certeza iriam pensar: "Aquela doida morreu, pior para ela. A vida continua!". Isso que você tentou fazer é pirraça. O ditado é certo: quem pirraça é pirraçado.

— Você está certa — concordou a senhora. — Às vezes ainda sinto vontade de me suicidar. Mas aqui é tão difícil fazê-lo que desisto.

— Senhora — aconselhou Henrique —, não podemos fugir dos problemas, da dor. O melhor é enfrentar, porque tudo passa, a vida continua. Não acabamos com a morte do corpo físico, e sobreviver, após o suicídio, no Plano Espiritual, deve ser complicado, e posso afirmar: quem mais sofre é o suicida. O melhor é esperar e, quando chegar a hora certa de partir para o lado de lá, ir numa boa, tranquilo e em paz.

No asilo, funcionários, colaboradores e voluntários conversavam muito com aqueles que diziam querer se suicidar. Henrique concluiu que, de fato, pessoas que se suicidam querem se livrar, acabar com problemas, dificuldades, da dor do momento. Porém a vida não acaba, e o suicida enfrenta dores maiores, normalmente se arrepende, e a dor do remorso é realmente forte e persistente. Se entendessem que tudo passa... Normalmente tudo se resolve, dores se amenizam, problemas são solucionados, novos amores vêm, o tempo escuro clareia, e a vida continua.

O grupo se despediu para ir tomar o lanche da tarde, um enfermeiro comentou com Henrique:

— São, infelizmente, muitos os idosos que se suicidam. Aqui tivemos duas tentativas e, após esse fato, ficamos mais atentos.

Os medicamentos são todos trancados, não temos nada com que possam se enforcar, as facas não têm muito corte, não podem sair da cozinha, e temos quatro somente. Antes, os medicamentos vinham em frascos, e esses ditos "perigosos" estão vindo em cartelas: dá trabalho para tirá-los um por um da cartela e talvez, nesse tempo, passe a vontade de morrer. Com certeza teremos, no futuro, todos os medicamentos em cartelas. Também temos atividades, terapias e grupos de voluntários, que fazem a diferença. Depois destas medidas, não tivemos mais tentativas de suicídio.

Henrique se lembrou que, no hospital do fogo-selvagem, não tinha nenhuma tentativa de suicídio, porque havia conforto, consolo, se falava muito em Deus, e eles recebiam amor e carinho. Na penitenciária, depois das palestras e alguns cuidados, o índice de suicídio diminuiu.

"Às vezes", Henrique concluiu, "a pessoa é tentada, está sofrendo e pensa que o melhor é abandonar a vida física, mas, se encontra dificuldades, desiste, e muitas vezes a vontade passa. Dificultar é uma prevenção, porém ajudar a pessoa, fazê-la se sentir amada é a melhor maneira de ajudá-la".

Três finais de semana por ano, o asilo fazia uma festa, sexta-feira e sábado à noite e domingo à tarde; ocorria no pátio, onde colocavam mesas e serviam bebidas e petiscos; tinha jogos, música, venda de artesanatos e vários outros objetos. Era realizada pelos trabalhadores da casa e voluntários. Arrecadava uma quantia razoável de dinheiro, que era dividido. Primeiro, pagavam dívidas; segundo, usavam na manutenção do prédio; depois, para compras de objetos, remédios, camas, colchões, roupas etc. E tentavam guardar um pouco. As pessoas da cidade cooperavam, era uma festa agradável. Os internos também gostavam, os que podiam, conseguiam, se arrumavam, colocavam as melhores roupas: uns ficavam sentados na área, outros dançavam e cantavam. Os acamados, infelizmente, ficavam em seus leitos, e era com eles que Henrique ficava. No asilo havia internos que não andavam, a maioria estava realmente enferma e dependente. Henrique, desde que passara a ir ao asilo, prestava atenção nesses doentinhos e os tentava ajudar.

"Eis que me defronto com uma outra forma de sofrimento!", pensou Henrique. "Ficar dependente é passar por um período realmente difícil."

Eram, para os funcionários do asilo, os dias de festa, de muito trabalho. Os internos em estado melhor de saúde queriam atenção, ajuda para o banho e para se arrumar, e os que não iam ao pátio também precisavam de atenção. Eles escutavam a música, conversas, e alguns se agitavam, outros se esforçavam para escutar. Sempre um companheiro de trabalho trazia para Henrique petiscos, pizza e sanduíches. No sábado, um funcionário da casa foi chamá-lo porque alguém queria vê-lo. Ele foi ao pátio e se surpreendeu, era seu irmão.

— Ique — disse o irmão —, nem acreditei quando, ao perguntar de você, me informaram que estava aí dentro e não na festa.

— Temos enfermos que precisam de cuidados — respondeu Henrique.

— Você ganha bem aqui?

— Trabalho como voluntário.

— Que coisa! Não precisa de dinheiro? — perguntou o irmão.

— Não!

— Não comprou outro carro?

Henrique respirou fundo, pensou até em responder que tinha e que estava com ele.

— Não! — foi lacônico.

— Poderia comprar um outro novo e bom.

— Para emprestar a você?

— Bem... é que não entendo você trabalhar aqui e não receber nada — observou o irmão.

— Penso que você não entenderia mesmo... Você não sente vontade de ajudar as pessoas? Quando ajudamos, somos ajudados.

— Viemos aqui à festa e estamos trabalhando: já fiz meu turno, agora um filho está com o carro, depois será o outro. Estamos transportando pessoas, ajudamos.

Novamente, Henrique sentiu vontade de responder que eles estavam, sim, trabalhando, isto era bom, mas o trabalho voluntário era outra coisa. Preferiu se despedir dizendo que tinha o que fazer.

Suas irmãs e filhos estavam trabalhando na festa como voluntários. Trabalho este de muito valor, importante para aquele asilo e com certeza para todas as instituições. Ali, nas festas, era porque o dinheiro arrecadado era o sustento dos internos. Mas também as visitas, durante o ano todo, os alegravam, e profissionais da saúde que os atendiam sem cobrar nada. Como eles gostavam das visitas em que conversavam e se distraíam! Como o grupo de duas irmãs, que iam todas as terças-feiras, levavam lanches, jogavam bingo, davam prendas... eles gostavam e esperavam ansiosos pela visita. Também dois músicos, um senhor mais velho e um jovem, iam às quintas-feiras à noite, às dezenove horas, tocar violão e cantar. Havia também outros grupos que iam de vez em quando, e era prazeroso ver a alegria deles.

Henrique, nas noites de festa, ficava até tarde da noite. Quando a festa terminava, precisava ajudar os internos a se acomodarem nos leitos. Na noite de sábado, em que conversara com o irmão, foi embora às duas horas e trinta minutos, esfriara e foi caminhando pelas ruas sem movimento.

"Agora sinto falta do carro."

Logo chegou ao apartamento e dormiu tranquilo.

Fez amizades com todos os funcionários, voluntários e internos, os queria bem e era querido.

12
A mudança

Henrique fez aniversário, convidou as irmãs e a família delas para irem a um restaurante. Completara cinquenta e oito anos. Foi uma reunião muito agradável. Duas semanas depois ele começou a recordar acontecimentos de sua vida. Às vezes vinham em sua mente lances dele pequeno, para, logo após, pensar em fatos ocorridos no hospital do fogo-selvagem, o período na prisão, com amigos... Alguns pensamentos repelia, como alguns fatos ocorridos na penitenciária; outros, curtia, principalmente episódios com pessoas que amava e em que fora amado.

"Não sei por que estou lembrando de fatos ocorridos comigo. Não sou saudosista, gosto é de dar valor ao momento presente."

Ele se recordava enquanto dobrava roupas que haviam sido lavadas, e o diretor do asilo aproximou-se dele:

— Henrique, queria lhe dizer que você faz diferença aqui. É muito bom tê-lo como voluntário.

— Obrigado! — respondeu ele.
— Nós que temos de agradecê-lo.
— *Que bom escutar que fazemos ou faremos falta!* — escutou frei Artur. — *Nos lugares por onde passou, isso ocorreu. Você é lembrado na penitenciária, muitos lá sentem falta dos cuidados do enfermeiro.*

Henrique sorriu.

À tarde se sentiu indisposto e se sentou pensando em ficar alguns minutos descansando. Sentiu uma dor forte no peito e dormiu.

Henrique sentiu a dor forte, dificuldade para respirar, não conseguiu falar, o mal-estar foi rápido, então sentiu que dormiu. Ele sofreu um enfarto, seu coração parou de bater, e ele desencarnou. Frei Artur, Maria e dois socorristas especializados em desligamentos o adormeceram, seu espírito dormiu, e eles rapidamente o tiraram do corpo físico e o levaram para uma colônia, onde ficou tranquilamente dormindo.

Desencarnou assim por merecimento, Henrique o teve, e todos nós podemos ter, basta confiar, ser desapegado, ter feito o bem e estar em paz.

Ele acordou oito dias depois bem-disposto e se surpreendeu por estar num local desconhecido. Era um quarto simples, cama confortável, levantou-se, foi à janela, viu um bonito jardim e muitas pessoas sentadas nos bancos, outras andando, uns pareciam alegres, outros nem tanto. Observou as flores e a limpeza.

— *Oi! Bom dia!*

Henrique se assustou, olhou para a pessoa que falara e viu uma moça, que entrou pela porta.

— *Desculpe-me, não tive intenção de assustá-lo!* — escutou da recém-chegada.

— *Não precisa se desculpar, eu que estava distraído.*

Ele olhou a moça, depois voltou a olhar o jardim e lembrou:

"Estava sentado na poltrona, senti a dor e dormi. Não é normal adormecer com dores."

Foi à sua mente que um interno do asilo aproximara-se dele e comentara:

— O senhor Henrique está estranho, parece que não respira.

Esse interno chamou por um funcionário, que passou a mão em frente a seu nariz e tentou, pelo pulso, contar as pulsações. Nada. Sem alarmar, chamou por uma ambulância, que foi rápida, então ele foi levado para o necrotério.

— *Morri! Desencarnei!* — exclamou.

Olhou para a moça, que lhe sorriu e quis saber:

— *Você está bem?*

— *Sim, estou. Desencarnei mesmo?*

— *Bem... Não é melhor você se sentar? Quer alguma coisa?*

— *Não, obrigado. A desencarnação é fácil assim?* — Henrique quis saber.

— *Depende. É uma mudança fácil e até prazerosa para aqueles que agiram corretamente dentro dos ensinamentos de Jesus, que foram desapegados e que trouxeram na bagagem muitos agradecimentos por terem feito o bem. Respondo: as desencarnações se diferem muito, como as atitudes das pessoas.*

Henrique coçou a cabeça e pensou:

"O melhor é continuar calmo e esperar."

— *Se você está bem, vou avisar duas pessoas que aguardam para abraçá-lo.*

Ela saiu, e Henrique voltou a olhar o jardim.

— *Ique!*

Voltou-se e viu Maria e frei Artur.

— *Amigo!* — escutou de frei Artur.

— *Voz!* — Henrique exclamou emocionado.

Abraçaram-se. Os três, por segundos, ficaram unidos pelo abraço carinhoso.

— *Como sou grato a vocês dois!* — o recém-desencarnado conseguiu falar depois de tanta emoção.

Amigos têm sempre muito o que conversar e ficaram desfrutando da ternura do reencontro.

Frei Artur se despediu:

— *Ique, tenho muito o que fazer. Trabalho no Plano Físico, vim à Colônia para abraçá-lo e dar as boas-vindas.*

Maria ficou com ele e o ajudou a saber o que acontecera. Henrique viu o seu velório, que foi tranquilo, no qual as irmãs e sobrinhos oraram; foi algo simples, seu corpo físico foi sepultado no jazigo da família, junto com os restos mortais de seus pais. As irmãs, no outro dia, foram ao apartamento, abriram a caixa e viram os documentos que mostravam que elas tinham dinheiro no banco. No outro dia, o irmão quis entrar no apartamento, foi barrado e fez um escândalo, as irmãs foram chamadas. Elas explicaram que, assim como Henrique dera o carro para ele, deu para elas o apartamento; tiveram de mostrar a escritura, elas não contaram nada sobre o dinheiro. Ele ficou inconformado, mas teve de aceitar. Ele pediu os objetos que estavam no apartamento. Elas deram o fogão, a geladeira, e uma delas trocou a televisão, ficou com a que era de Henrique e deu a dela para o outro irmão. Deram tudo e colocaram o apartamento à venda. No asilo, todos sentiram a falta dele.

— *De fato* — Henrique estava agradecido —, *recebi muitas orações do pessoal do asilo e o incentivo carinhoso de Cristina, a quem, como pedi, minhas irmãs informaram. Dona Maria* — pediu —, *a senhora sabe de Júlia e Sérgio?*

— *Sei, o casal de fato ficou com medo de você e do vizinho que a assediava; sabendo que a mãe dela estava para desencarnar, resolveram ir embora e não comunicaram a ninguém. Eles souberam do crime e que você fora preso, então pensaram que fora você, já que não tinha sido eles. Foram para longe, estabeleceram-se numa cidade, tiveram outros filhos. Estão bem. Se quiser levo você para vê-los.*

— *Não quero vê-los; para mim, basta saber que estão bem.*

Maria se despediu e voltou às suas tarefas.

Henrique sentiu que tudo realmente estava resolvido no Plano Físico e se desligou. Uma nova maneira de viver estava sendo apresentada agora ali, no Plano Espiritual.

De fato, quando um desencarne ocorre como aconteceu com Henrique, tudo é mais fácil. Quando se deixam problemas, muitas vezes o desencarnado os sente. Receber incentivos, carinhosas orações é algo valioso demais, gratificante para o recém-desencarnado. A vida continua, e é maravilhoso que essa continuação seja assim: o desencarnado em paz, recebido por amigos, sendo sustentado pelas orações e incentivos dos encarnados.

Tudo aconteceu rápido, Henrique foi ficar numa casa, conheceu e fez amizades com outros moradores, conheceu a colônia, se admirou com a limpeza e a cordialidade das pessoas e logo sentiu falta do trabalho.

"Descansar pela eternidade deve ser castigo."

Pediu para trabalhar no hospital. Começou com quatro horas diárias na ala onde estavam os quase recuperados.

Defrontou-se com outra forma de trabalho, com doentes espirituais, enfermidades alimentadas pelo remorso, pelo abuso de quando estavam no corpo físico. E foi aumentando suas horas nas enfermarias e indo às outras alas.

Passou a conversar, ou melhor, a escutar os que se recuperavam nas enfermarias, aqueles que se encontravam melhor. Eles gostavam de falar de si.

"Como o remorso dói!", concluiu Henrique. *"Já me senti assim e sou muito grato por ter, desta vez, retornado ao Plano Espiritual sem a carga dolorida do arrependimento."*

Escutava-os, depois os aconselhava, os incentivava e completava:

— *Posso recomeçar! Deus sempre nos dá a oportunidade de um recomeço. Dará a você. Pense sempre: Posso recomeçar!*

Essas duas palavras são de grande incentivo. Depois de errar muito, pode-se ter um recomeço, acertando, trabalhando e aprendendo.

Foram muitas as histórias de vida que escutara.

— *Senhor Henrique* — lamentou um abrigado —, *fiz atos ruins para diversas pessoas, porém fiz mesmo mal a mim. Sofri muito. Primeiro porque não obtive a satisfação que esperava ao me vingar, e o retorno veio, desencarnei, fiquei anos vagando, me sentindo infeliz e ainda não tenho paz. Não ter paz é estar infeliz. Encarnado, vesti um corpo de cor negra e morava numa fazenda onde os empregados eram tratados como se fossem ainda escravos. Mas tínhamos nossas diversões, namorávamos, íamos morar juntos como casados, tínhamos festas e não tínhamos comparações. Depois de conhecer outros modos de viver que entendi que se sofre também quando comparamos a nossa com outras formas de viver. Por ali, interior, os empregados eram tratados assim: erámos pobres, e os ricos eram os senhores. Eu era muito ligado à família, meu pai desencarnara novo por doença, ficamos com nossa mãe, eu, dois irmãos e uma irmã; trabalhávamos muito para suprir o serviço de nosso pai. Tudo parecia estar bem, minha irmã arrumou um companheiro empregado na fazenda vizinha, um moço bom e se mudou para lá. Meu irmão mais velho também foi morar com uma moça e ficamos mamãe, meu irmão e eu. Comecei a notar que meu irmão estava estranho, alheio, e mamãe comentou, preocupada, que ele estava olhando muito para a sinhá. Conversei com ele, que confessou que estava apaixonado por ela. Mesmo depois da libertação dos escravos, o negro não era tratado diferente. Soube e fiquei muito aflito que meu irmão fora visto com a sinhá no pomar. Conversei com ele, que afirmou que somente conversou com ela e descobriu que a sinhá tinha um amante, era branco e filho do fazendeiro vizinho. Foi então que o nosso patrão, esposo da sinhá, descobriu que era traído, e ela acusou meu irmão como seu amante. O fazendeiro não fez nada à esposa, mas ele e dois capangas, isto também era comum por ali, pessoas ricas terem jagunços que estavam sempre armados para defenderem a propriedade e o dono, pegaram meu irmão, o colocaram no tronco, que ainda estava no pátio, mas num local mais afastado, fizeram muitos cortes no corpo dele, tiraram em certas partes sua pele e jogaram sal. Quando cheguei do trabalho, mamãe estava em lágrimas, desesperada. Esperei a noite e fui vê-lo escondido; quando o vi, apavorei-me, e ele, quando me viu, rogou: "Mate-me, meu irmão, não aguento mais de dor". "Vou tentar tirá-lo daqui", falei em tom baixo. "Não conseguirá, o guarda me vê de onde ele está, depois terá de me carregar, não irá longe... e me levará para onde? Será pego e castigado, mamãe não aguentará ver dois filhos mortos. Estou tão ferido que não terão como me ajudar. Mate-me, irmão." Ele falava devagar e baixinho. Sabia, porque matava animais, como cortar a veia do pescoço. Estava abaixado para que o vigia não me visse. Senti muito, sofri, mas entendi que meu irmão tinha razão. Ele falou novamente: "Amei a sinhá, ela não é honesta, não tive nada com ela. Com certeza ela me deu atenção, conversou comigo planejando, se o marido desconfiasse, me acusar, e ela o fez para livrar o amante. Quero morrer em paz. Se você não me matar, irei ficar aqui, sofrendo por dias. Faça isso logo!". Levantei-me, fiquei atrás do tronco e, num golpe certeiro, cortei a veia do pescoço dele; abaixei-me novamente, o sangue jorrou. Afastei-me somente quando vi que ele perdera os sentidos e ia morrer. Voltei para casa, encontrei meu outro irmão lá. Decidimos nos mudar dali, ir embora, e rápido; meu irmão com a família dele foi naquela noite. No outro dia, deram a notícia de que meu irmão falecera e ainda escutamos gozações de que ele não aguentara, de que era fraco; concluíram que ele, por algum ferimento maior, sangrara. Mamãe e eu o enterramos e fomos para a casa de minha irmã levando somente uma trouxa de roupas. Meu cunhado arrumou emprego para nós,*

Tudo Passa

para mim e meu irmão, e lá trabalhei por dois anos. Quando mamãe desencarnou, acertei com meu patrão e falei a todos que ia embora para longe, mas não fui, ia vingar a morte terrível do meu irmão. Entrei na mata da fazenda onde morávamos e repassei os planos que naqueles dois anos fizera e refizera. Cuidadoso e atencioso, vi a movimentação da fazenda. Levei alimentos comigo e, no décimo quarto dia, vi o dono sair, ia viajar e, com ele, estavam alguns jagunços. Consegui fazer com que uma vaca entrasse na mata, amarrei-a e, com tudo planejado, aguardei. À tardinha, como sempre ocorria, dois jagunços, aqueles que pegaram meu irmão e que costumavam fazer maldades a mando do fazendeiro, mas as faziam com gosto e eram eles que ficavam na propriedade quando o dono saía, entraram na mata a cavalo, procurando a vaca, indo um para cada lado; quando um passou na minha frente, joguei a faca nele, acertei no pescoço, devo contar que era muito bom em facas; rápido, desci ele do cavalo, tirei a faca e o golpeei no peito; o deixei escondido, toquei o cavalo e chamei pelo outro, que veio falando; o golpeei, e este, sem me importar se fizesse barulho. Matei os dois, soltei a vaca, tirei-a do mato, peguei tudo o que queria dos dois, joguei os corpos numa vala; um cavalo, levei para longe, o outro, deixei preso numa corda, de forma que ele poderia pastar e tomar água. À noite, com muito cuidado, entrei na casa-sede sem dificuldade e fui direto ao quarto da sinhá, encontrei-a dormindo, tampei sua boca, ela acordou assustada e falei: "Queria matá-la devagar, como fizeram com meu irmão, mas não tenho tempo". Dei uma facada certeira no peito dela, atingindo o coração. Procurei por dinheiro e encontrei, assim como também umas cartas, e as coloquei numa gaveta de roupas do dono da casa. Saí sem problemas, voltei à mata, peguei o cavalo e, aproveitando a noite, afastei-me rápido dali. Viajava à noite e me escondia em matos durante o dia. Fui para longe e me tornei um matador de aluguel, comecei com um fato: encontrei uma casinha simples num sítio, onde os proprietários, um casal de idosos, estavam muito tristes porque a neta adolescente que eles criaram tinha sido raptada por um homem mau que apavorava o lugar. Resolvi ajudar o casal que gentilmente me acolhera. Planejei e matei o homem, levei a neta de volta, o casal me deu suas poucas economias e me indicou a uma pessoa que queria também se livrar de um opressor. Assim, por indicação, fui matando... Porém eu sempre verificava se de fato quem ia matar era mesmo merecedor. Uma vez recusei o trabalho porque não julguei certo. Juntei bastante dinheiro e voltei para ver meu irmão e irmã, dei todo meu dinheiro para eles, que se alegraram; menti, disse que ganhara trabalhando numa mina. Eles me contaram que a sinhá que nosso irmão amara morrera assassinada e que tudo indicava que fora pelo amante e que o sinhô encontrou cartas deles de amor. Ele matou o vizinho e depois foi assassinado. Fiquei oito dias com minha família e parti. Desencarnei assassinado, num trabalho que não deu certo. Denominava o que fazia de "trabalho" e me orgulhava de matar quem merecia. Como se existisse bom e mau matador. Matar é errado. Morri, desencarnei e fui para o Umbral, sofri por muitos anos, até que resolvi seguir os socorristas que ajudam naquele lugar e fui socorrido em situação deplorável. Aqui estou, lamentando o que fiz.

Henrique o incentivou a aprender e ser um socorrista para trabalhar no Umbral.

— *Você conhece o Umbral, entende aqueles que estão lá, será de muita ajuda.*

De fato, tempos depois, ele foi junto da equipe, gostou e gostaram dele. O trabalho bom e honesto é aquele que faz bem a outros e também faz bem a quem o faz.

Henrique estava sempre escutando, compreendeu que, tanto nas enfermarias das colônias quanto nos postos de socorro, o remorso está presente; é difícil encontrar, mas infelizmente se encontra, um abrigado que ainda tente colocar a culpa em outro ou justificar seus atos errados, mas a maioria, depois de muito sofrimento, entendem que erraram, aí temem o retorno e então escutam incentivos de que podemos reparar erros com acertos, fazendo o bem, amando e são convidados a recomeçar no Plano Espiritual, trabalhando, estudando e aprendendo, porém não têm como fugir do retorno, mas este pode ser suavizado quando entendemos que devemos amar e fazer o bem.

Após escutar um abrigado, Henrique o indagava:

— *Você não fez algo de bom? Conte o que fez para melhorar a vida de alguém.*

Esse que fora um matador, após pensar, respondeu:

— *Fui bom filho, bom irmão, ajudei-os. Auxiliei aquele casal levando a neta de volta, a livrei de uma vida de humilhação, de continuar sendo uma escrava sexual. Porém aqui entendi que não existe diferença entre o bom matador e o mau. Ambos são assassinos!*

— *Por que você não foca nas coisas boas que fez?* — aconselhou Henrique. — *Pense no bem que fez para que esses atos o incentivem a fazer sempre o bem de forma correta, porque o bem verdadeiro não pode ocasionar o mal para outra pessoa.*

Passou a fazer isso: escutava os companheiros, depois pedia para falarem o que fizeram de bom e normalmente eles tinham também boas lembranças. De fato, devemos pensar nos nossos bons atos, não para ficarmos vaidosos, ou para nos gabar, mas para nos incentivar a fazer outras boas ações. Não devemos focar somente nos nossos erros, mas também nos nossos acertos.

Foi uma vez somente, ao indagar uma senhora que ficara um tempo no Umbral e também fazia anos que estava ali abrigada se recuperando, que ela pensou e não se lembrou de nenhuma boa ação. Até tentou:

— *Emprestei dinheiro, mas a juros altos... ajudei uma vizinha, mas para conquistar o marido dela... ficava três dias por semana com meu sobrinho para minha irmã trabalhar, mas o fazia esmolar... —* calou-se.

— *A senhora* — aconselhou Henrique — *pode mudar suas lembranças no futuro, começando a fazer o bem, sem interesse. Porque podemos, pela misericórdia de Deus, recomeçar.*

Henrique, no horário livre, ia com excursões conhecer o Plano Espiritual: foi a postos de socorro; ao Umbral; visitou outras colônias; e se deu por satisfeito. Escolhera: queria mesmo trabalhar no hospital e passou, com permissão, a ficar de doze a dezesseis horas trabalhando.

"Que maravilha!", concluiu. *"Raramente me sinto cansado e, quando sinto, basta ficar uns minutos relaxando que me recomponho, aprendi a não necessitar de alimentos e durmo raramente."*

Encontrava-se com amigos, e era sempre uma alegria imensa conversar com eles. Maria e Artur iam sempre à colônia; Elisa estudava e, como em todo estudo no Plano Espiritual, o aprendizado passa por inúmeras tarefas.

Henrique ia ao teatro, gostava quando corais se apresentavam, até de alguns solistas e de peças musicais. Ia muito assistir palestras e, com Maria, participava de um estudo, no qual vários palestrantes abordavam os ensinos de Jesus contidos no Sermão da Montanha.

Ele estava numa enfermaria quando recebeu o recado de que o orientador do hospital queria falar com ele.

Henrique foi, e o orientador, como era costume, recebia todos com atenção e carinho.

— *Henrique* — disse ele —, *estamos contentes com sua dedicação e trabalho. Pedi para vir conversar comigo para lhe fazer um convite. Você não quer estudar? Cursar medicina em nossas unidades de estudo? Poderá estudar e, quando reencarnar, já que gosta tanto de cuidar de enfermos, poderá ser um dedicado médico. Com os conhecimentos adquiridos aqui no Plano Espiritual, ficará mais fácil reaprender no Plano Físico.*

Ele se surpreendeu, pensou por dois segundos, e respondeu com convicção:

— Agradeço seu carinhoso interesse por mim. Mas não quero estudar, não quero ser médico. Amo a profissão que tive encarnado e que aqui exerço de forma diferente. Se tiver como escolher, ao reencarnar, quero ser novamente enfermeiro.

— O importante é gostar da profissão e fazer sempre o melhor com que a escolhemos. Você faz. Se mudar de ideia, sabe que pode estudar.

— Aproveito para pedir ao senhor para ficar o tempo que eu quiser nas enfermarias. Farei o que está planejado para mim e, depois, irei ajudar nas outras alas.

— Tem permissão, porém o lembro de que o lazer, estar com amigos, deve fazer parte também de sua vivência aqui — aconselhou o orientador.

Despediram-se. Henrique, porém, não voltou de imediato à enfermaria, sentou-se num banco e ficou olhando o pôr do sol.

"Com certeza", concluiu Henrique, "desta vez em que voltei ao Plano Espiritual, já faz dois anos, é a primeira vez que, desencarnado, pelo menos que eu lembre, que me senti verdadeiramente em paz. De fato, somente sentimos paz quando estamos bem conosco. Bem-aventurados os pacificadores, os fazedores de paz. Como disse o palestrante: estabelecendo um estado permanente de paz em nós mesmos, podemos estar em qualquer lugar, até no meio de turbulências, em harmonia. Porque todos os conflitos externos nascem de um conflito interno e, se queremos acabar com as discórdias, devemos eliminar primeiramente o conflito em nós. Se estamos em paz, somos felizes, e este estado normalmente se transforma em benevolência para todos os que nos rodeiam. Se porém não estivermos em paz, tornamo-nos infelizes e podemos irradiar esse sentimento negativo infelicitando a outros. Quando temos paz, ninguém pode nos prejudicar, podemos até receber alguma maldade externa, *mas nosso interior não é atingido, não nos ofendemos mais, não nos sentimos prejudicados. A paz harmoniza, e esta harmonia irradia beneficamente com energias de serenidade que causam bem-estar a todos que são receptivos. Se conseguirmos ser pacificadores individuais, o seremos para muitos".*

Henrique abriu um caderninho que guardava no bolso de seu jaleco. Ele, depois das palestras, anotava algumas frases. Leu:

"O Sermão da Montanha é o maior ensinamento espiritual do qual podemos usufruir para o nosso crescimento e evolução."

"Pobre pelo espírito é aquele que se libertou dos apegos materiais e, puro de coração, libertou-se de tudo por amor, por um exercício constante de querer servir. Servir por amor remove os obstáculos que existem entre nós e Deus."

"Justiça é uma atitude correta nossa com o Criador. Justo é aquele que vivencia os dois primeiros mandamentos: amar a Deus e ao próximo, ser caridoso com todos."

"A luz é incontaminável, todas as outras coisas aceitam impureza, menos a luz. Sejamos, pois, a luz do mundo. A luz Divina que está em nós deve ser um farol a iluminar tudo o que nos rodeia. Com certeza, essa é a maior caridade que se pode fazer."

"A compreensão do Sermão da Montanha nos dá liberdade para vencer o egoísmo e ter uma maior compreensão da vida. Este entendimento é como uma chave que nos abre a porta de uma melhor vivência, porém somos nós que teremos de abrir essa porta."

"Quando jejuar, lave o rosto. Não devemos cultuar tristeza, podemos e devemos fazer tudo com alegria e suavidade, assim passamos por períodos complicados facilmente."

"Trabalhar sempre com alegria, amando a tarefa, fazê-la do melhor modo possível e, após concluí-la, entender que o resultado do trabalho não lhe pertence, é de bom grado oferecê-lo ao Criador. Trabalhe sempre para Deus. É muita felicidade servir ao Nosso Pai Celeste. Esse servir é força e grandeza. Há mais felicidade em dar do que em receber."

"Quem dentre nós quiser ser grande, seja o servidor de todos. Não devemos, após servir, trabalhar para o bem, pensar que fizemos grandes coisas, mas, sim, que fizemos nossas obras através de Alguém que o permitiu. Esse conhecimento e a vontade de servir nos levam a ser servos fiéis do Senhor."

"Pedi e recebereis... O pedir, procurar, bater na porta são uma condição indispensável para assumir uma atitude de criar em nós uma energia favorável para que possamos receber, tornamo-nos receptivos e fazemos por merecer. Deus abre a porta a quem bate, faz encontrar os que procuram, dá àqueles que pedem, é a causa do efeito."

"Quem ouve minhas palavras: pensar, planejar e querer fazer algo de bom e não realizar é ruína, fracasso. É maravilhoso quando as ideias se tornam atos bons. Se realizamos obras, estamos construindo nossa casa sobre a rocha. Planejar, querer fazer é prazeroso e necessário, mas, se ficarmos somente na vontade, é a casa sobre a areia, que até resiste em bons tempos, mas desaba em períodos difíceis."

"Quem vive com amor e realiza os ensinamentos de Jesus é um sábio. Jesus encerra o Sermão do Monte aconselhando a seguir no bem sempre, independentemente de onde estiver, e no presente."

Henrique guardou o caderninho, olhou o pôr do sol, era algo que não cansava de admirar. Tão lindo!

"Estou muito feliz! Minha vontade é ficar aqui para sempre! Porém chegará o tempo em que terei de voltar ao Plano Físico. Sei que este período aqui passará, porque tudo passa. Sou muito grato e dou valor ao momento que estou vivendo. Concordo com as duas palavras mágicas, 'tudo passa', porém aprendi outras duas maravilhosas, verdadeiras e já fazem parte de minha vida: 'posso recomeçar'!"

Obras psicografadas pela médium Vera Lúcia Marinzeck de Carvalho

Pelo espírito de Patrícia
- Violetas na janela
- Vivendo no mundo dos espíritos
- A casa do escritor
- O voo da gaivota

Com parceria de Luis Hu Rivas e Ala Mitchell
- Violetinhas na janela
- Violetas e a turma da Mônica

Pelo espírito de Jussara
- Cabocla
- Sonhos de liberdade

Pelo espírito de Rosângela
- Aborrecente não, sou adolescente
- Nós os jovens
- Ser ou não ser adulto
- O difícil caminho das drogas
- Flores de Maria

Infantil
- O pedacinho azul do céu
- O sonho de Patrícia
- O diário de Luizinho
- A aventura de Rafael
- O velho do livro

Autores diversos
- O que encontrei do outro lado da vida
- Histórias maravilhosas da espiritualidade
- Valeu a pena
- Em missão de socorro

Feito por respostas de cartas pela Vera
- Conforto espiritual 1
- Conforto espiritual 2

Pelo espírito de Antônio Carlos com espíritos diversos
- Deficiente mental! Por que fui um?
- Morri! E agora?
- Ah, se eu pudesse voltar no tempo
- Entrevista com os espíritos
- Somente uma lembrança
- Flores para a alma
- Se não fosse assim... como seria?

Com parceria de João Duarte de Castro
- Rosana, a terceira vítima fatal

Pelo espírito de Antônio Carlos
- Reconciliação
- Cativos e libertos
- Copos que andam
- Filho adotivo
- Muitos são os chamados
- Reparando erros de vidas passadas
- Palco das encarnações
- Escravo Bernardino
- A mansão da pedra torta
- O rochedo dos amantes

- Reflexo do passado
- Véu do passado
- Aqueles que amam
- Novamente juntos
- A casa do penhasco
- O mistério do sobrado
- Amai os inimigos
- O último jantar
- O jardim das rosas
- O sonâmbulo
- Sejamos felizes
- Por que comigo?
- O céu pode esperar
- A gruta das orquídeas
- O castelo dos sonhos
- O ateu
- O enigma da fazenda
- O cravo na lapela
- A casa do bosque
- Um novo recomeço
- O caminho de urze
- A órfã número sete
- A intrusa
- A senhora do solar
- Na sombra da montanha
- O caminho das estrelas
- O escravo – da África para a senzala
- O morro dos ventos
- Histórias do passado
- Meu pé de jabuticaba
- O que eles perderam
- Quando o passado nos alerta
- Retalhos
- A história de cada um

Levamos o livro espírita cada vez mais longe!

Av. Porto Ferreira, 1031 | Parque Iracema
CEP 15809-020 | Catanduva-SP

www.**petit**.com.br
www.**boanova**.net

petit@petit.com.br
boanova@boanova.net

17 3531.4444

17 99257.5523

Siga-nos em nossas redes sociais.

@boanovaed

boanovaeditora

CURTA, COMENTE, COMPARTILHE E SALVE.
utilize #boanovaeditora

Acesse nossa loja

Fale pelo whatsapp